高职高专汽车类规划教材编审委员会

主　任　张西振

副主任　张红伟　　　何乔义　　　胡　勇　　　李幸福　　　周洪如　　　王凤军
　　　　　宋保林　　　熊永森　　　欧阳中和　　王贵槐　　　刘晓岩　　　黄远雄

委　员（按姓名笔画排序）

于丽颖　　上官红喜　　王木林　　　王凤军　　　王志文　　　王贤高
王贵槐　　王洪章　　　王晓波　　　王海宝　　　韦焕典　　　卢　华
代　洪　　冯　伟　　　冯培林　　　伍　静　　　刘　刚　　　刘凤波
刘玉清　　刘泽国　　　刘晓岩　　　刘鸿健　　　孙晓峰　　　李　刚
李　彦　　李幸福　　　杨安杰　　　杨晓波　　　吴东平　　　吴东阳
吴瑛萍　　吴喜骊　　　何乔义　　　何金戈　　　沈洪松　　　宋东方
宋保林　　张　军　　　张　晔　　　张西振　　　张红伟　　　张利民
张忠伟　　陈　宣　　　陈振斌　　　苗全生　　　欧阳中和　　罗富坤
周　晶　　周洪如　　　郑　劲　　　赵文龙　　　赵伟章　　　胡　勇
胡文娟　　胡寒玲　　　姜　伦　　　姚　杰　　　索文义　　　贾永枢
党宝英　　郭秀香　　　黄　坚　　　黄远雄　　　龚文资　　　崔雯辉
梁振华　　董继明　　　蒋　芳　　　韩建国　　　惠有利　　　曾庆吉
谢三山　　强卫民　　　廖忠诚　　　熊永森　　　潘天堂　　　戴晓松

高职高专汽车类规划教材
国家技能型紧缺人才培养培训系列教材

汽车机械识图习题集

胡 勇 董继明 主编

化学工业出版社
·北京·

本书根据高职高专教育改革和发展对制图教学的新要求及岗位需要,将多年的教学、生产、培训及教学改革成果融入本书,突出职教特点,内容上考虑了就业实际需要和中级技术工人等级考核标准的要求,注重基础知识的讲解和识图能力的培养。

本书采用了最新的国家标准。全书共分七章,主要包括制图的基本知识与基本技能、常用图形的画法、投影基础、组合体、机件的表达方法、标准件与常用件、零件图、装配图等内容。

本书与胡勇、董继明主编的《汽车机械识图》配套使用。

本书可作为高职高专以及成人高等教育专业基础课教材,也可供电视、函授等其他类型学校有关专业使用,还可供其他专业师生和工程技术人员参考使用。

图书在版编目(CIP)数据

汽车机械识图习题集/胡勇,董继明主编. —北京:
化学工业出版社,2010.10(2020.7重印)
高职高专汽车类规划教材　国家技能型紧缺人才培养
培训系列教材
ISBN 978-7-122-09357-8

Ⅰ.汽…　Ⅱ.①胡…②董…　Ⅲ.汽车-机械图-识图
法-高等学校:技术学院-习题　Ⅳ.U463-44

中国版本图书馆 CIP 数据核字(2010)第 164603 号

责任编辑:韩庆利　　　　　　　　　　　　装帧设计:尹琳琳
责任校对:洪雅姝

出版发行:化学工业出版社(北京市东城区青年湖南街13号　邮政编码100011)
印　　装:三河市延风印装有限公司
787mm×1092mm　1/16　印张8　字数187千字　2020年7月北京第1版第8次印刷

购书咨询:010-64518888　　　　　　　　　售后服务:010-64518899
网　　址:http://www.cip.com.cn
凡购买本书,如有缺损质量问题,本社销售中心负责调换。

定　　价:16.00元　　　　　　　　　　　　　　　　　　　　　　版权所有　违者必究

前　言

本习题集紧密围绕高等职业教育人才培养目标确定教材内容，根据汽车等近机械类专业特点和近年来课程体系改革趋势，结合参编院校多年教学经验编写，与同时出版的《汽车机械识图》教材配套使用。

本习题集注重知识应用性和培养能力素质，内容选择简练，基础理论浅显，以够用为度，加强识图练习，努力拓展空间想象能力。

本书在编写过程中，根据高职高专教育改革和发展对制图教学的新要求及岗位需要，将多年的教学、生产、培训及教学改革成果融入本书，突出职教特点，内容上考虑了就业实际需要和中级技术工人等级考核标准的要求，注重基础知识的讲解和识图能力的培养。

本书内容全面，适应性强。授课教师可根据不同专业特点和教学要求对本书内容和顺序适当调整。

本书采用了最新的国家标准。全书共分七章，主要包括制图的基本知识与基本技能、常用图形的画法、投影基础、组合体、机件的表达方法、标准件与常用件、零件图、装配图等内容。

本书由河南职业技术学院胡勇（编写第三章）、董继明（编写第一、二、五章）主编。辽宁农业职业技术学院于丽颖（第四章）副主编，无锡商业职业技术学院胡文娟（编写第六章）、山东凯文科技职业学院舒姗（编写第七章）参编。

本书在编写过程中，曾得到许多专家和同行的热情支持，并参阅了许多国内外公开出版和发表的文献，在此一并表示感谢。

由于编者水平有限，书中难免存在不妥与疏漏之处，恳请读者批评指正。

编者

目 录

第一章　制图的基本知识与基本技能 …………………………… 1
- 1-1　字体练习 …………………………………………………… 1
- 1-2　图线练习 …………………………………………………… 2
- 1-3　尺寸标注练习 ……………………………………………… 3
- 1-4　尺寸标注练习 ……………………………………………… 4
- 1-5　尺寸标注练习 ……………………………………………… 5
- 1-6　几何作图 …………………………………………………… 5
- 1-7　圆弧连接 …………………………………………………… 6
- 1-8　抄画下列图形并标注尺寸 ………………………………… 7
- 1-9　徒手绘图 …………………………………………………… 8

第二章　投影基础 ………………………………………………… 9
- 2-1　根据立体图找出相应的三视图 …………………………… 9
- 2-2　由立体图画三视图 ………………………………………… 10
- 2-3　标出投影方向并根据立体图补画三视图所缺的图线 …… 11
- 2-4　根据立体图补画三视图所缺的图线 ……………………… 12
- 2-5　根据立体图，补全三视图 ………………………………… 13
- 2-6　点的三面投影 ……………………………………………… 14
- 2-7　点的三面投影 ……………………………………………… 15
- 2-8　点的三面投影 ……………………………………………… 16
- 2-9　点的三面投影 ……………………………………………… 17
- 2-10　补画第三投影，并判断直线对投影面的相对位置 ……… 18
- 2-11　线段的三面投影 …………………………………………… 19
- 2-12　直线的三面投影 …………………………………………… 20
- 2-13　直线的三面投影 …………………………………………… 21
- 2-14　直线的空间位置 …………………………………………… 22
- 2-15　已知平面的两面投影，求作第三面投影，并回答问题 … 23
- 2-16　平面的空间位置 …………………………………………… 24
- 2-17　平面的空间位置 …………………………………………… 25
- 2-18　平面的空间位置 …………………………………………… 26
- 2-19　平面的三面投影 …………………………………………… 27
- 2-20　根据立体图，自定义尺寸画出三视图 …………………… 28
- 2-21　补画立体的第三投影，并根据立体上面点和线的已知投影，求作其另外两个投影 ……………………………………… 29
- 2-22　补全基本体上点和线的三面投影 ………………………… 30
- 2-23　求作被平面截切后的平面立体的三面投影 ……………… 31
- 2-24　求作被平面截切后的立体的三面投影 …………………… 32
- 2-25　参照立体图，补全立体的三个投影 ……………………… 33
- 2-26　参照立体图，补全立体的三个投影 ……………………… 34
- 2-27　求作两曲面立体相交的三面投影 ………………………… 35
- 2-28　根据给定视图，画正等测图 ……………………………… 36
- 2-29　根据给定视图，画正等测图 ……………………………… 37
- 2-30　根据指定视图，画斜二测图 ……………………………… 38
- 2-31　根据指定视图，画斜二测图 ……………………………… 39

第三章　组合体 …………………………………………………… 40

3-1	根据轴测图画三视图 ……………………………	40
3-2	由三视图找出对应的立体图 ……………………	41
3-3	根据立体图，补全三视图中的缺线 ……………	42
3-4	根据立体图，补全三视图中的缺线 ……………	43
3-5	补缺线 …………………………………………	44
3-6	补缺线 …………………………………………	45
3-7	补缺线 …………………………………………	46
3-8	补视图 …………………………………………	47
3-9	补视图 …………………………………………	48
3-10	补视图 …………………………………………	49
3-11	补视图 …………………………………………	50
3-12	尺寸标注 ………………………………………	51
3-13	尺寸标注 ………………………………………	52
3-14	尺寸标注 ………………………………………	53
3-15	补全遗漏的尺寸 ………………………………	54
3-16	指出多余重复的尺寸，标注遗漏的尺寸 ……	55
3-17	分析组合体形状，标注尺寸 …………………	56
3-18	绘制组合体三视图，并标注尺寸 ……………	57
3-19	绘制组合体三视图，并标注尺寸 ……………	58

第四章　机件的表达方法 …………………………… 59

4-1	根据主、俯、左视图，补画右、后、仰视图 ……	59
4-2	机件基本视图作图 ……………………………	60
4-3	画局部视图和斜视图 …………………………	61
4-4	根据给定的主视图 A、俯视图 B，对向视图进行标注 ……	62
4-5	局部视图和斜视图 ……………………………	63
4-6	补全剖视图中的漏线 …………………………	64
4-7	补全剖视图中的漏线 …………………………	65
4-8	剖视图的画法 …………………………………	66
4-9	将主视图画成剖视图 …………………………	67
4-10	将下列各主视图改画为全剖视图 ……………	68
4-11	改正全剖的主视图中的错误并将正确的画在指定位置 …	69
4-12	全剖视和半剖视 ………………………………	70
4-13	将主视图画为半剖视图 ………………………	71
4-14	全剖视和半剖视 ………………………………	72
4-15	局部剖视 ………………………………………	73
4-16	局部剖视 ………………………………………	74
4-17	将视图改画成局部剖视 ………………………	75
4-18	用平行的剖切平面将主视图改为剖视图 ……	76
4-19	用相交的剖切平面将主视图改为剖视图 ……	77
4-20	用适当的剖切平面将主视图改为剖视图 ……	78
4-21	分析视图中的错误，将正确的画在指定位置 …	79
4-22	斜剖视 …………………………………………	80
4-23	用适当的方式表达机件的结构 ………………	81
4-24	用适当的方式表达机件的结构 ………………	82
4-25	分辨断面图的正确和错误 ……………………	83
4-26	在指定位置画成断面图并标注 ………………	84
4-27	断面图 …………………………………………	85
4-28	按规定画法在指定位置将主视图改画为正确的剖视图 …	86
4-29	断面图和重合画法 ……………………………	87
4-30	综合练习 ………………………………………	88
4-31	综合练习 ………………………………………	89

第五章　标准件与常用件 …………………………… 90

5-1	在指定位置改正下列螺纹画法中的错误 ……	90
5-2	在指定位置改正下列螺纹画法中的错误 ……	91

5-3	标注螺纹代号 ………………………………… 92	6-5	零件图的技术要求 …………………………… 102
5-4	螺纹及螺纹连接的画法 ……………………… 93	6-6	零件图的技术要求 …………………………… 103
5-5	螺纹连接的画法 ……………………………… 94	6-7	零件图标注的技术要求 ……………………… 104
5-6	普通平键连接和弹簧的画法 ………………… 95	6-8	零件图技术要求的标注 ……………………… 105
5-7	齿轮和齿轮连接的画法 ……………………… 96	6-9	零件图技术要求 ……………………………… 106
5-8	圆柱销连接和滚动轴承的画法 ……………… 97	6-10	读零件图回答问题 …………………………… 107

第六章 零件图 …………………………………………… 98
6-1 将文字说明的粗糙度按规定标注在图上 ……… 98
6-2 零件图尺寸标注 ……………………………… 99
6-3 读懂零件图，回答问题 ……………………… 100
6-4 表面粗糙度标注 ……………………………… 101

6-11 读零件图回答问题 …………………………… 109

第七章 装配图 …………………………………………… 111
7-1 读装配图回答问题 …………………………… 111
7-2 读装配图回答问题 …………………………… 114

参考文献 ………………………………………………… 117

第一章　制图的基本知识与基本技能

1-1　字体练习

班级　　　　姓名　　　　学号

机械制图技术零件装配要求未标注倒角

序号名称件数重量材料备注比例代螺栓柱钉母键销杆

齿轮箱体轴盘叉架弹簧轴承视图主俯左右后仰剖断面

1234567890Rφ　Ⅰ Ⅱ Ⅲ Ⅴ Ⅵ Ⅸ Ⅹ

ABCDEFGHIJKLMNOPQRSTUVWXYZ　1234567890Rφ

圆弧班级学院校铸造斜度拔模公差调质

字体工整笔画清楚间隔均匀排列整齐圈垫密封填料爪

形状特征工作自然平衡位置泵阀盖旋塞传动带板扳手

ABCDEFGHIJKLMNOPQRSTUVWXYZ

abcdefghijklmnopqrstuvwxyz　1234567890Rφ

1-2　图线练习　　　　　　　　　　　班级　　　　　姓名　　　　　学号

1. 抄画图线。

2. 按所标注的尺寸，用1∶1的比例，在 A4 图纸上抄画下列图形。

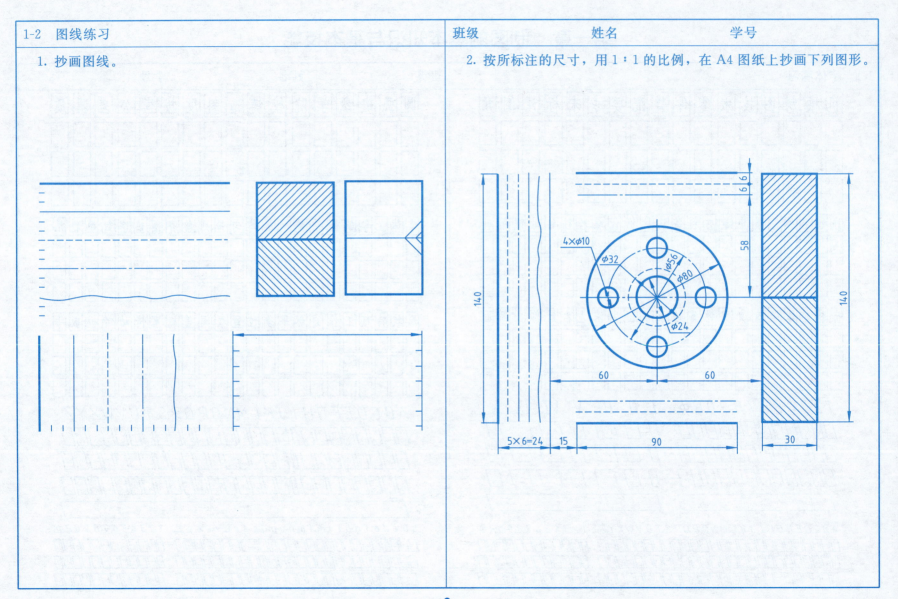

| 1-3　尺寸标注练习 | 班级　　　　　姓名　　　　　学号 |

1. 画箭头填数字。

(1) 　　(2)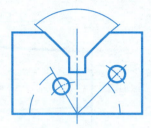

3. 标注下列各平面图形的尺寸，尺寸按实际尺寸1∶1量取。

(1)

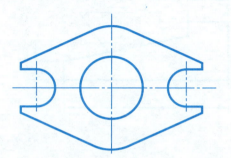

2. 判断错误正确标注

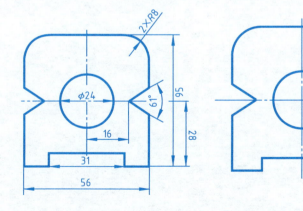

(2)

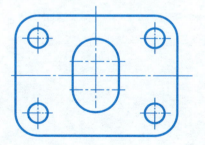

1-4　尺寸标注练习　　　　　　　　　　　　　　　　　　　班级　　　　姓名　　　　学号

1. 按下图中给定的尺寸用 1：1 的比例抄画图形，并标注斜度。

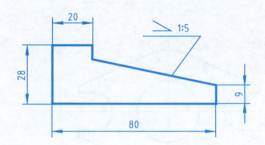

2. 按下图中给定的尺寸用 1：1 的比例抄画图形，并标注锥度。

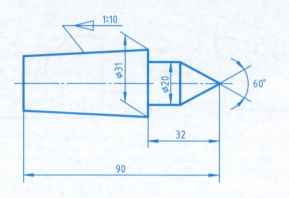

- 4 -

1-5 尺寸标注练习	班级　　　　　姓名　　　　　学号
判断下列平面图形尺寸标注的错误，并进行正确标注。	**1-6 几何作图**
	在下面规定位置画出正多边形（按上图实际尺寸1∶1量取）。

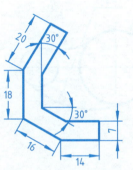
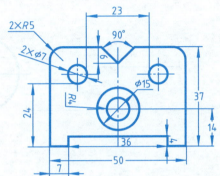

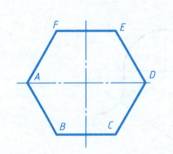
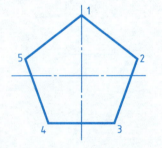

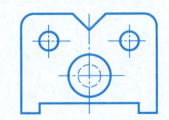

| 1-7　圆弧连接 | 班级　　　姓名　　　学号 |

1. 按照图示要求完成圆弧与直线的连接圆弧。　　　　2. 按照图示要求完成两圆的连接圆弧。

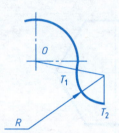
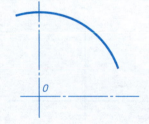
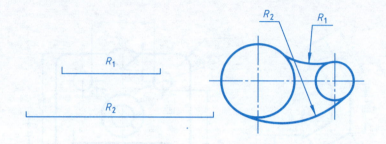
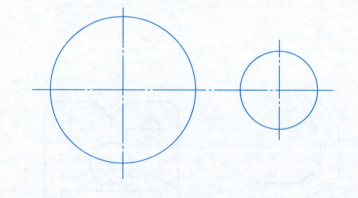

1-8 抄画下列图形并标注尺寸　　班级　　姓名　　学号

1.

2.

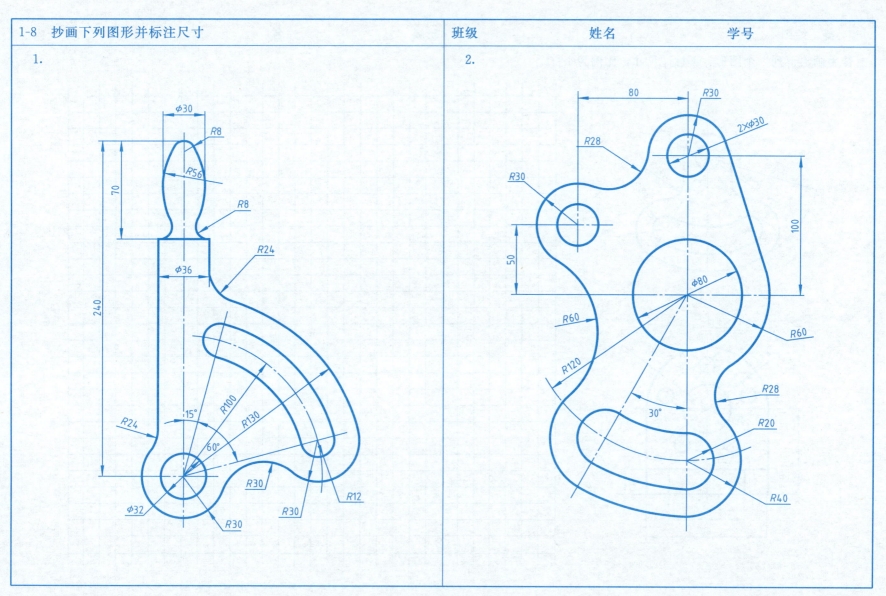

| 1-9　徒手绘图 | 班级　　　　姓名　　　　学号 |

徒手画出下列一个图形，不标注尺寸，比例为 1∶1。

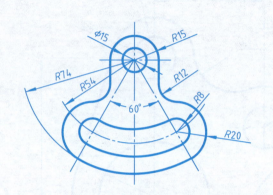

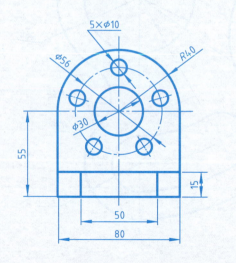

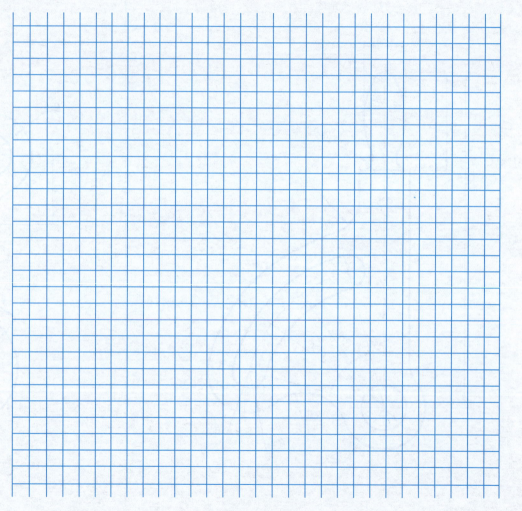

第二章 投影基础

2-1 根据立体图找出相应的三视图　　　　班级　　　姓名　　　学号

1.

2.

3.

4.

2-2　由立体图画三视图　　　　　　　　班级　　　　姓名　　　　学号

1.

2.

3.

4.

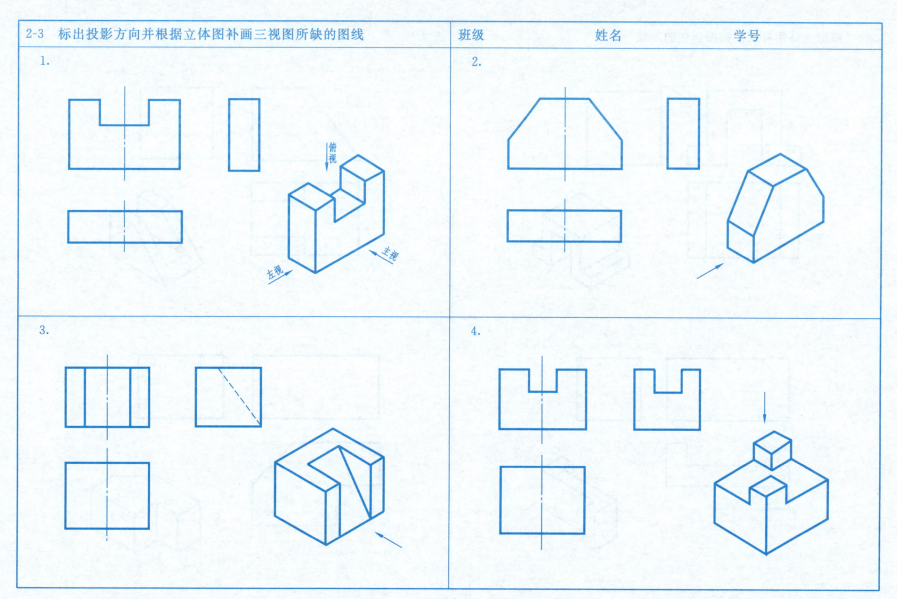

2-4 根据立体图补画三视图所缺的图线   班级   姓名   学号

1.

2.

3.

4.

2-5　根据立体图，补全三视图　　班级　　姓名　　学号

1.

2.

3.

4.

-13-

2-6 点的三面投影

班级　　　　　姓名　　　　　学号

1. 依照直观图作出点 A、B 的三面投影（尺寸从图中直接量取）。

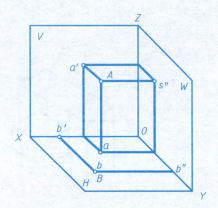

2. 根据已知条件，作出各个点的三面投影。

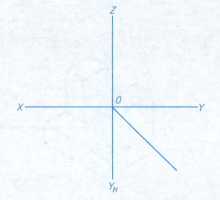

	A	B	C
距 V 面	15	10	12
距 H 面	20	15	0
距 W 面	10	0	0

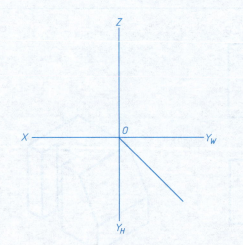

3. 已知点 A (20，15，10)、B (15，15，10)，作出其三面投影。

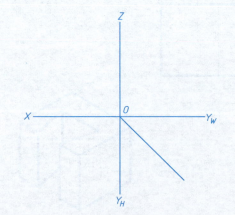

2-7 点的三面投影	班级　　　　姓名　　　　学号
1. 已知直线的两端点坐标，作直线段 AB、CD 的三面投影。 A (20，0，0)，B (10，20，25)，C (20，15，25)，D (10，15，15)	2. 已知点 A (30，20，10)、点 B (30，20，20)、点 C (20，20，20) 和点 D (10，20，20)，求作各点的投影图，并判别其可见性。
3. 补画左视图，并在图中标出点 A、B、C、D 的位置。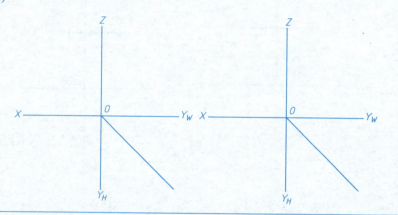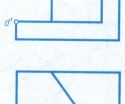	4. 已知图上 A、B、C 的两面投影，求作第三面投影。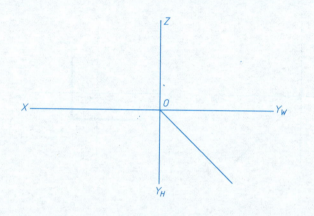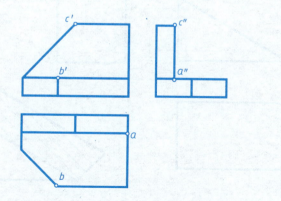

| 2-8 点的三面投影 | 班级　　　　姓名　　　　学号 |

1. 已知点的两面投影，求作第三面投影。

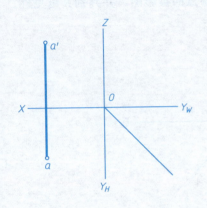 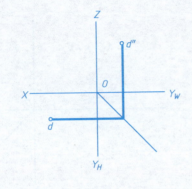

2. 已知点的两面投影，求作第三面投影。

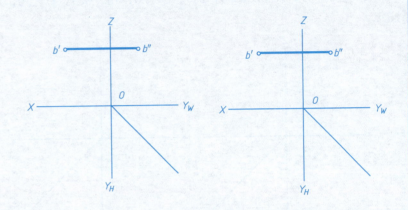

3. 已知点 M 属于 $ABCD$ 平面，求点 M 的另两面投影。

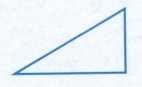
 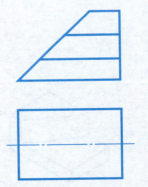

4. 如图所示几何体的左端为一正垂面，试完成该几何体的 H 面投影。

 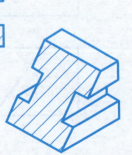
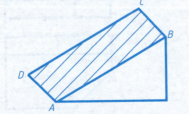

| 2-9　点的三面投影 | 班级　　　　姓名　　　　学号 |

1. 已知点 A、B、C、D 的两面投影，求第三面投影，写出各点到投影面的距离。

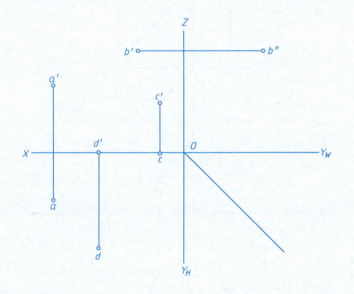

(1) A 点距 V 面（　　）mm　　A 点距 H 面（　　）mm
　　A 点距 W 面（　　）mm
(2) B 点距 V 面（　　）mm　　B 点距 H 面（　　）mm
　　B 点距 W 面（　　）mm
(3) C 点距 V 面（　　）mm　　C 点距 H 面（　　）mm
　　C 点距 W 面（　　）mm
(4) D 点距 V 面（　　）mm　　D 点距 H 面（　　）mm
　　D 点距 W 面（　　）mm

2. 已知 A 点对投影面的距离，求作 A 点三面投影。已知 B 点三面投影，量取其对投影面的距离（按 1∶1 取整数）并填在表中。

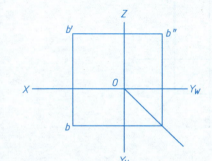

	距 H 面	距 V 面	距 W 面
A	15	5	10
B			

3. 已知点 A 的三面投影，B 点在 A 点的右方 15、上方 20、前方 10；C 点在 A 点的正下方 H 面上，求作 B、C 点的三面投影。

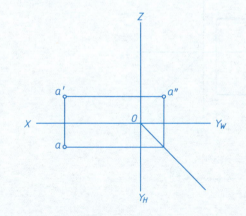

2-10 补画第三投影，并判断直线对投影面的相对位置　　　班级　　　姓名　　　学号

1.

_____ 线

2.

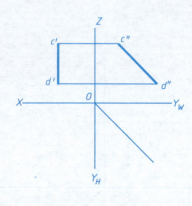

_____ 线

3.

_____ 线

4.

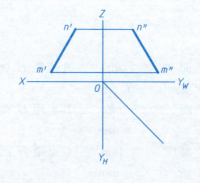

_____ 线

2-11 线段的三面投影　　　　　　　　班级　　　　姓名　　　　学号

1. 过点 A 作正垂线 AB，AB 的实长为 15mm。

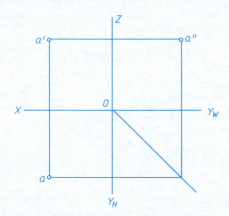

2. 求线段 AB 的实长。

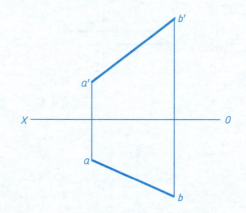

3. 已知直线 AB 上的一点 K 的侧面投影，求其另两面投影。

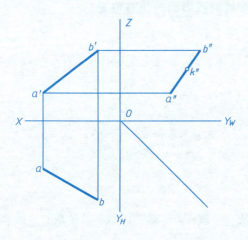

4. 已知点 C 在直线 AB 上，且 $AC:CB=1:2$，求作点 C 的投影。

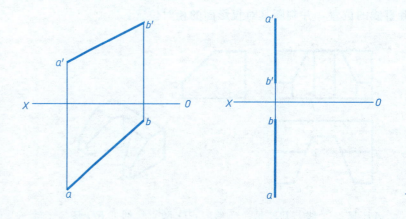

2-12 直线的三面投影　　　　　班级　　　姓名　　　学号

1. 求直线的第三投影，并指出各直线对投影面的相对位置。

2. 对照立体图，填写线段 AB、AC、CD、EF 的三面投影，并判断其对投影面的相对位置。

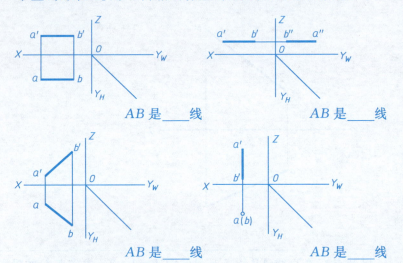

AB 是＿＿线　　　　AB 是＿＿线

AB 是＿＿线　　　　AB 是＿＿线

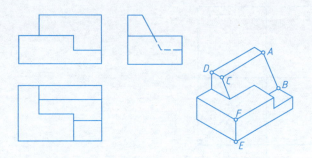

AB 是＿＿线；AC 是＿＿线；CD 是＿＿线；EF 是＿＿线

3. 填写线段 AB、AC、CD、EF 的第三面投影，在立体图上填写各直线的位置，并判断其对投影面的相对位置。

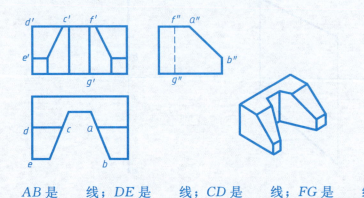

AB 是＿＿线；DE 是＿＿线；CD 是＿＿线；FG 是＿＿线

4. 判断正三棱锥上各棱线对投影面的相对位置。

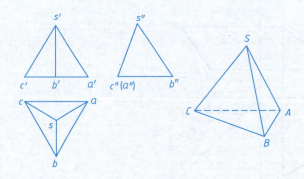

SA 是＿＿线；SB 是＿＿线；AC 是＿＿线；AB 是＿＿线

2-13 直线的三面投影

1. 已知直线 AB 的实长为 20，过已知点 A 作直线 AB，使其分别为水平线和铅垂线。

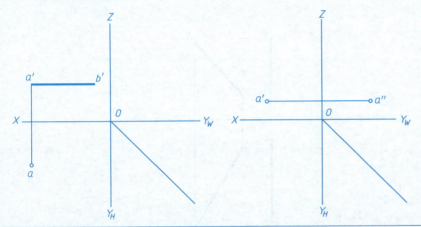

2. 已知水平线 MN 对 V 面的倾角为 30°，且 MN 与 AB 交于 K 点，且 AK：KB＝1：2，求 MN 的投影。

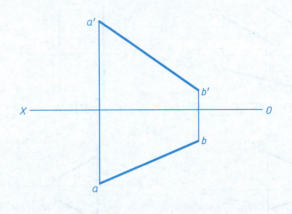

3. 已知直线 AB、MN 为相交直线，完成 AB 的投影。

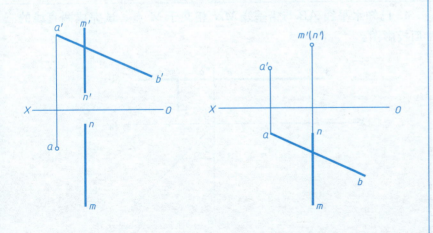

4. 求出交叉两直线 AB、CD 的两对重影点的投影，并判断其可见性。

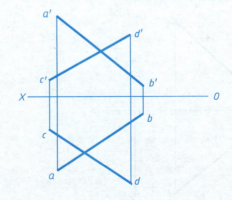

| 2-14 直线的空间位置 | 班级　　　姓名　　　学号 |

1. 判断直线 CD、EF 的相对位置关系。

(1)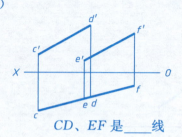

CD、EF 是＿＿线

(2)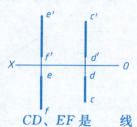

CD、EF 是＿＿线

(3)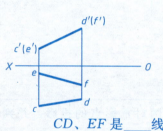

CD、EF 是＿＿线

(4)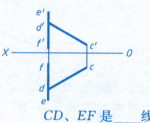

CD、EF 是＿＿线

2. 过 A 点作直线 AB 与 MN 平行，并判断直线 AB 与 CD 是否相交。

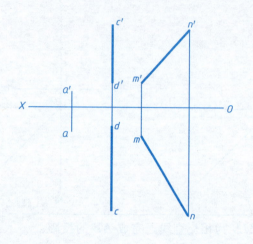

3. 过 K 点作直线分别与 CD、EF 相交。

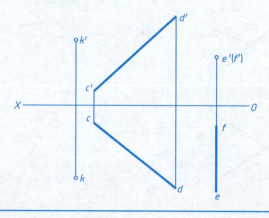

4. 已知水平线 AB 与铅垂线 MN 相交于 M 点，试完成两直线的三面投影图。

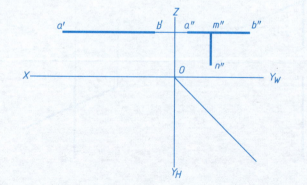

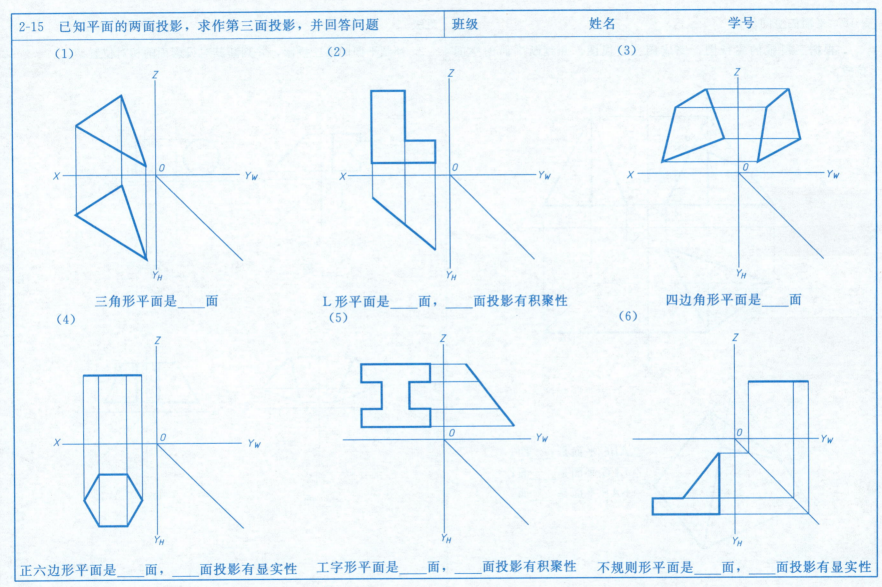

2-16 平面的空间位置　　　　　　　　班级　　　　　姓名　　　　　学号

1. 根据三棱锥的主视图，完成俯、左视图，并判断平面的空间位置。

2. 补画平面的第三投影，并判断其对投影面的相对位置。

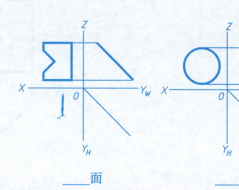

____面　　　　　____面

△ABC 平面是____面；
△EFG 平面是____面；
△SAB 平面是____面。

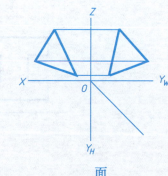 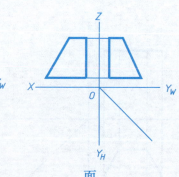

____面　　　　　____面

2-17 平面的空间位置

1. 判别正三棱锥 S-ABC 上各棱面是什么位置的平面。

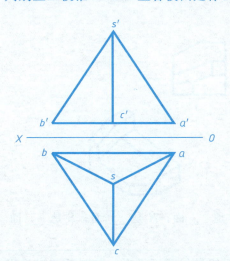

SAB 是_____面
SAC 是_____面
SBC 是_____面
ABC 是_____面

2. 判断直线 MN 是否在△ABC 平面内，判断直线 CD 是否在△ABC 平面内。

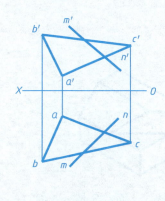 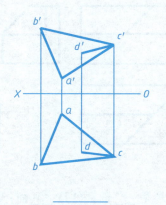

3. 完成平面图形 ABCDEF 的水平投影。

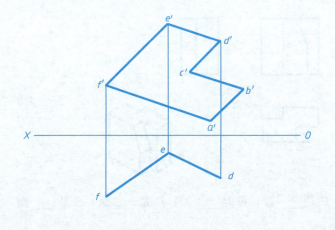

4. 判断下列各图中的点、直线是否在平面上。

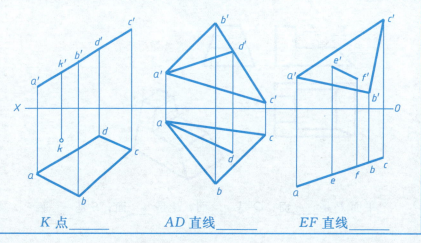

K 点_____   AD 直线_____   EF 直线_____

2-18 平面的空间位置

班级　　　姓名　　　学号

1. 对照轴测图，在三视图中标出平面的三面投影，并判断其对投影面的相对位置。

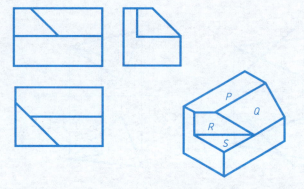

平面 P 是___面；Q 是___面；R 是___面；S 是___面

2. 对照轴测图，在三视图中标出平面的三面投影，并判断其对投影面的相对位置。

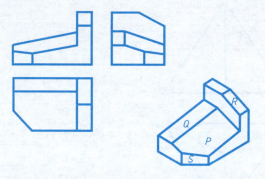

平面 P 是___面；Q 是___面；R 是___面；S 是___面

3. 在三视图中标注出平面的另外两面投影，并判断其对投影面的相对位置。

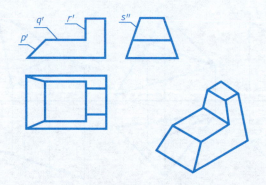

平面 P 是___面；Q 是___面；R 是___面；S 是___面

4. 在三视图中标注出平面的另外两面投影，并判断其对投影面的相对位置。

平面 P 是___面；Q 是___面；R 是___面；S 是___面

| 2-19 平面的三面投影 | 班级　　　　姓名　　　　学号 |

1. 已知正六棱柱的 H 面投影及其高度为 25mm，按 1∶1 比例画出其 V 面和 W 面投影。

2. 已知圆锥的 W 面投影，其沿轴线长度为 25mm，并且锥顶点在左端，按 1∶1 比例画出其 V 面和 H 面投影。

3. 已知球体的 H 面投影，求作另外两面投影。

4. 已知圆台的 V 面投影，求作另外两面投影。

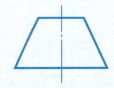

2-20　根据立体图，自定义尺寸画出三视图	班级　　　姓名　　　学号
(1)	(2)
(3)	(4)

2-21 补画立体的第三投影，并根据立体上面点和线的已知投影，求作其另外两个投影

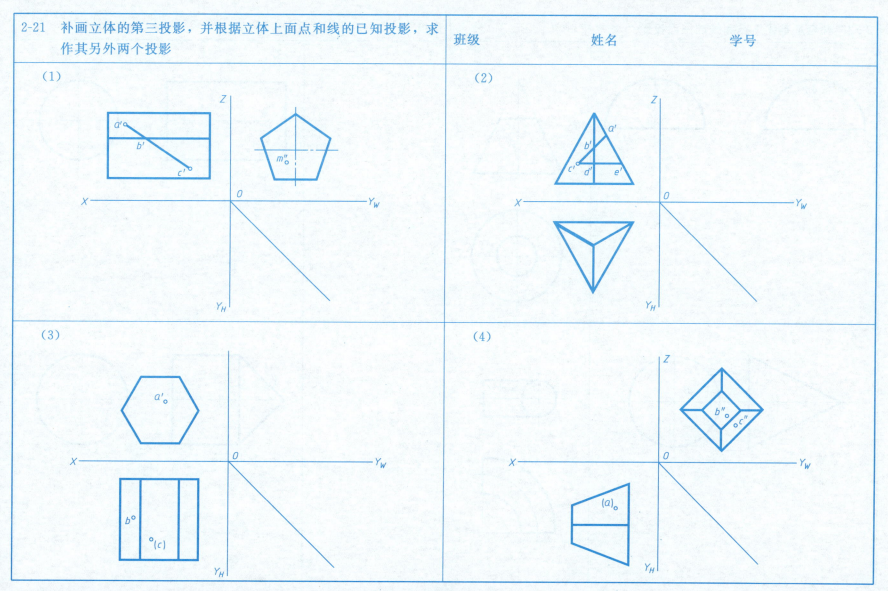

| 2-22 补全基本体上点和线的三面投影 | 班级　　　　姓名　　　　学号 |

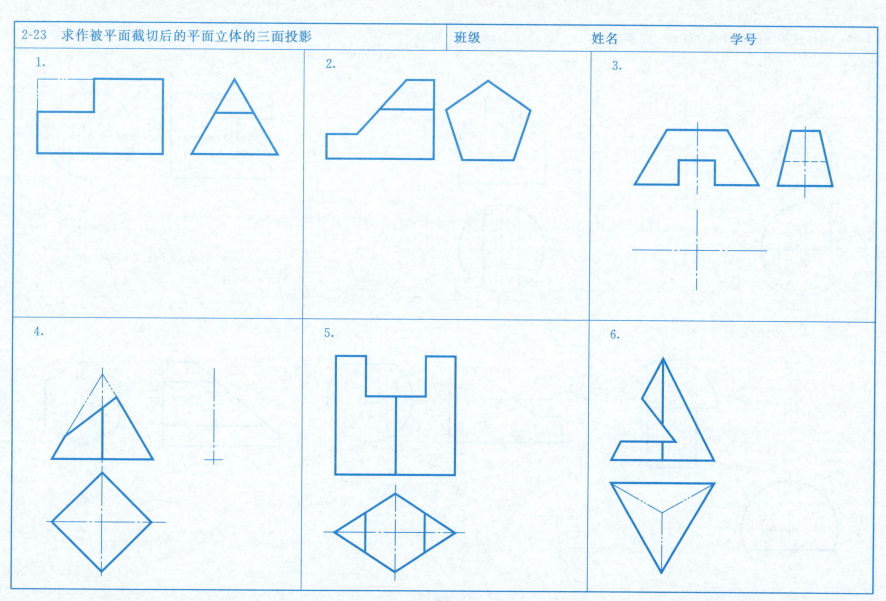

2-24　求作被平面截切后的立体的三面投影　　班级　　姓名　　学号

1.

2.

3.

4.

5.

6.

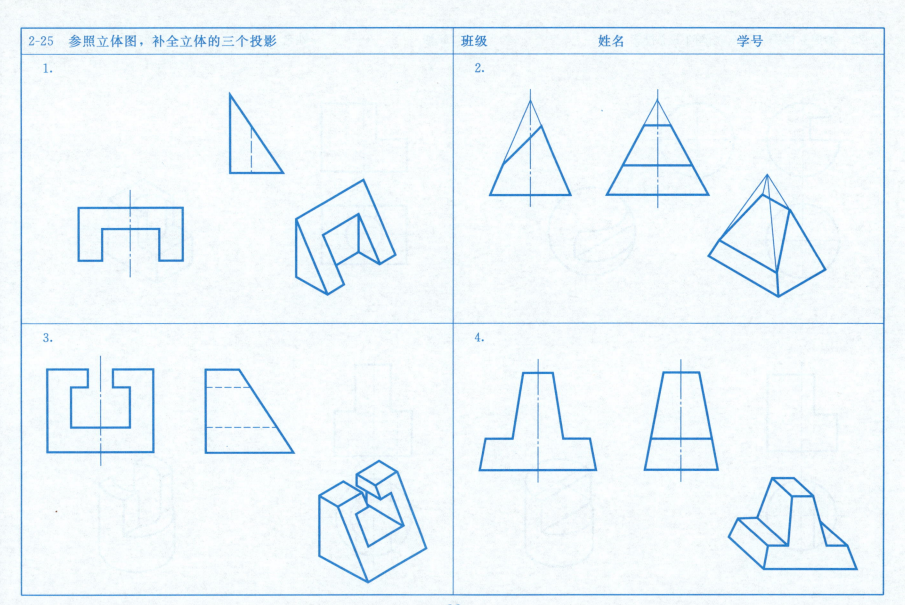

2-26　参照立体图，补全立体的三个投影　　班级　　姓名　　学号

1.

2.

3.

4.

- 34 -

2-27 求作两曲面立体相交的三面投影

1.

2.

3.

4.

2-28　根据给定视图，画正等测图　　　　　班级　　　　姓名　　　　学号

1.

2.

3.

4.

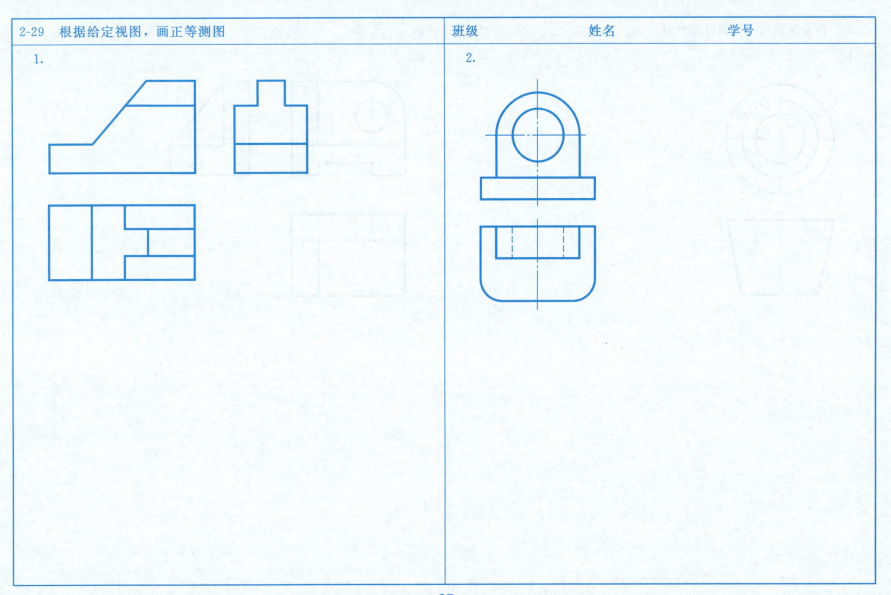

2-30　根据指定视图，画斜二测图　　　班级　　　姓名　　　学号

1.

2.

2-31 根据指定视图，画斜二测图

1.

2.

第三章 组合体

3-1 根据轴测图画三视图

班级　　　姓名　　　学号

1.

2.

3.

4.

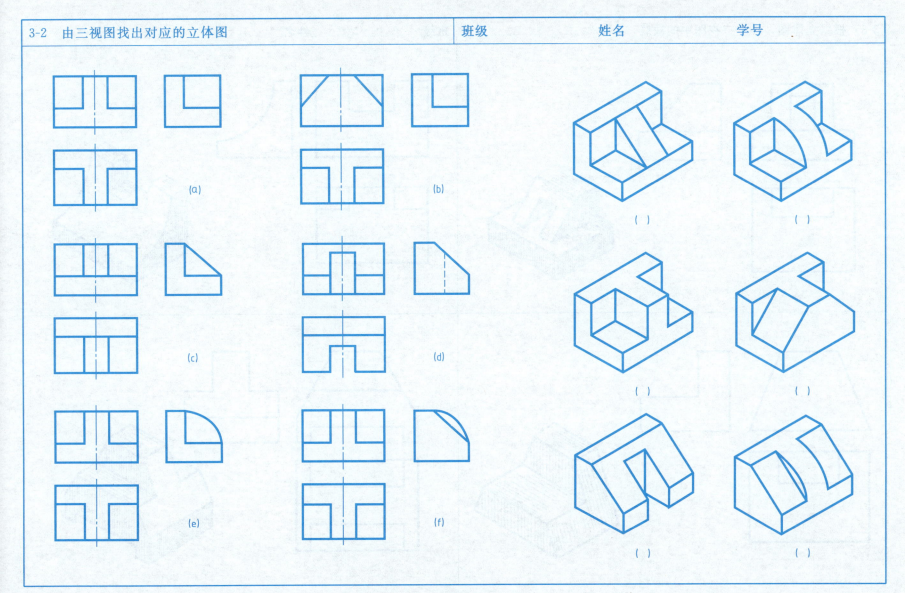

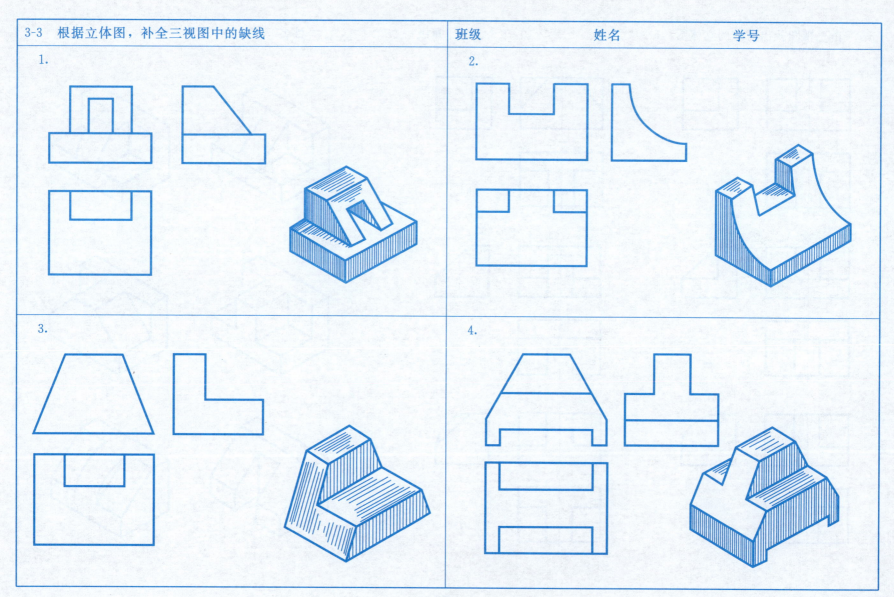

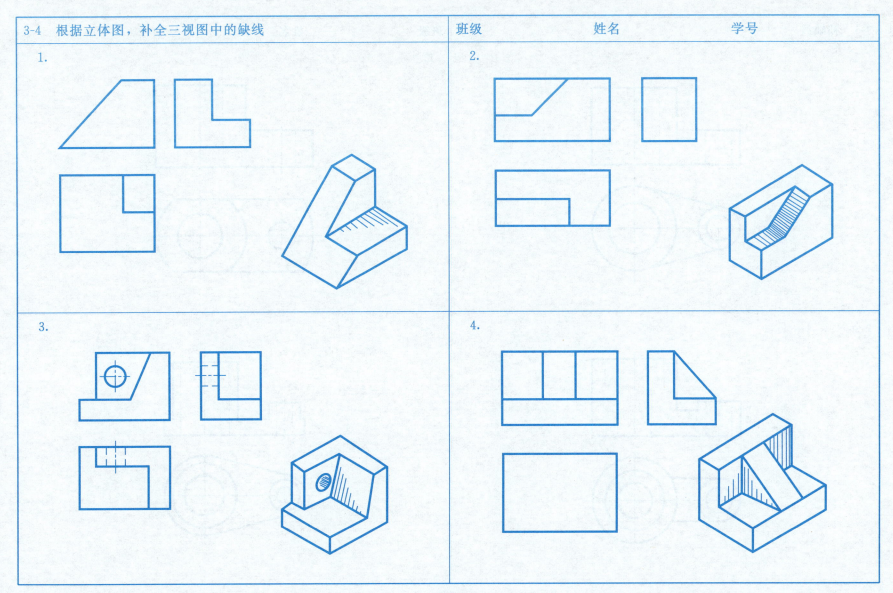

3-5 补缺线　　　　　　　　　　班级　　　　姓名　　　　学号

1.

2.

3.

4.

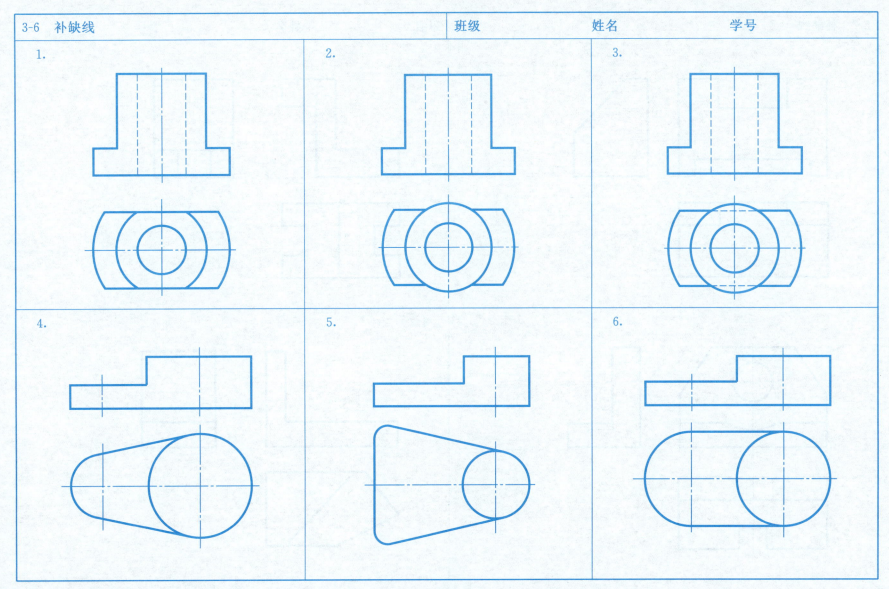

3-7 补缺线　　　　　　　　班级　　　姓名　　　学号

1.

2.

3.

4.

3-8 补视图　　　　　　　　　班级　　　　姓名　　　　学号

1.

2.

3.

4.

| 3-9 补视图 | 班级　　　　姓名　　　　学号 |

1.

2.

3.

4.

-48-

3-10 补视图　　　　　　　　　　　　　班级　　　　姓名　　　　学号

1.

2.

3.

4.

3-11 补视图

1.

2.

-50-

3-12 尺寸标注　　　　　　　　　　　　　班级　　　　姓名　　　　学号

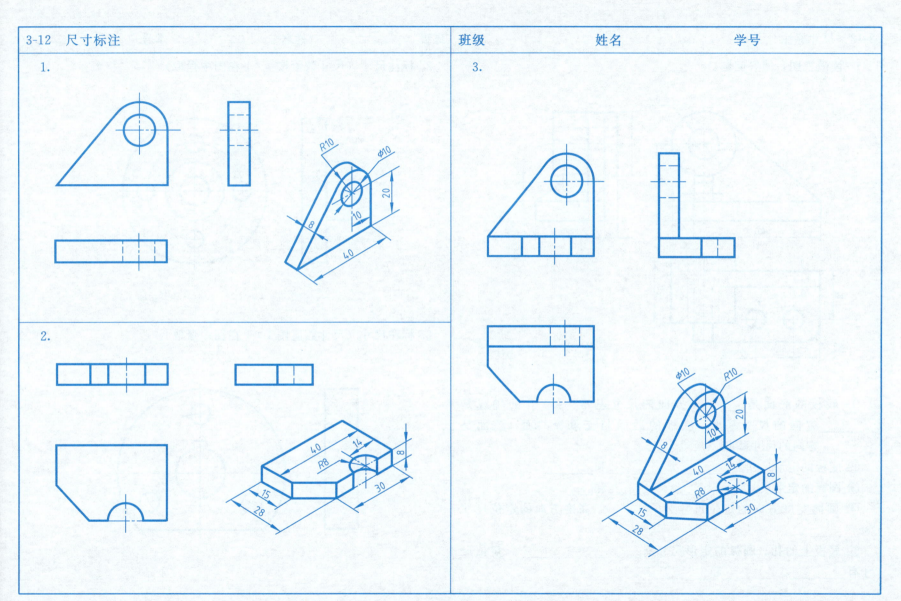

3-13　尺寸标注

1. 读懂视图，回答问题。

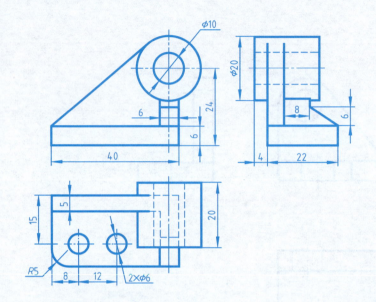

① 底板的底面是_____方向的尺寸基准；φ10 孔的轴线是_____方向的尺寸基准；底板的后面与支承板共面，该面是_____方向的尺寸基准。
② 底板的定形尺寸为_____、_____和_____。
③ 圆筒的定形尺寸为_____、_____和_____。
④ 圆筒宽度方向的定位尺寸为_____，高度方向的定位尺寸为_____。
⑤ 底板上的孔、圆弧的定形尺寸有_____、_____，定位尺寸有_____、_____和_____。

2. 标注尺寸（尺寸数值按 1∶1 在图中量取）。

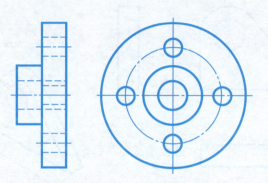

3. 标注尺寸（尺寸数值按 1∶1 在图中量取）。

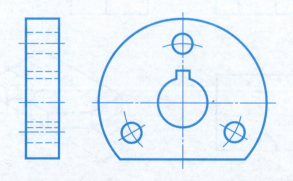

3-14 尺寸标注　　　　　班级　　　　姓名　　　　学号

1.

2.

3.

4.

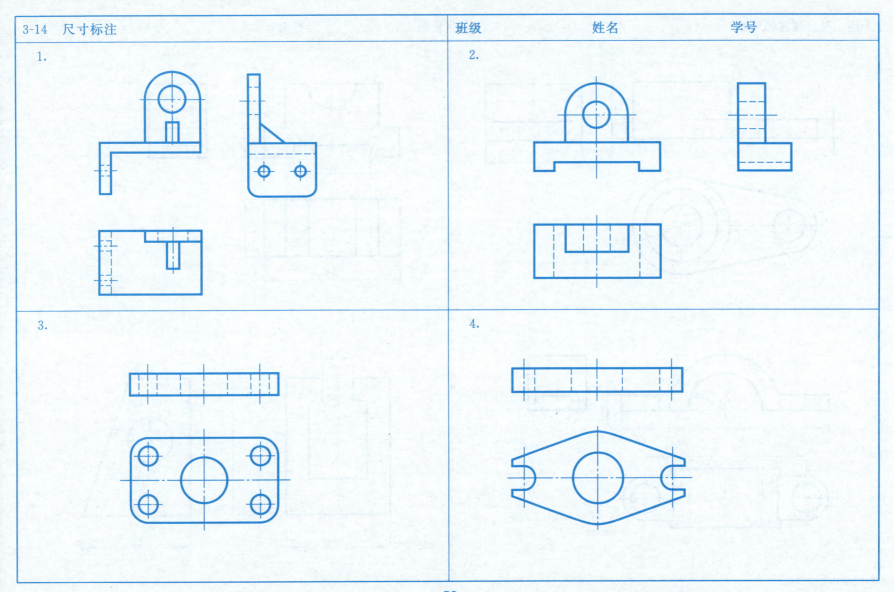

3-15 补全遗漏的尺寸

1.
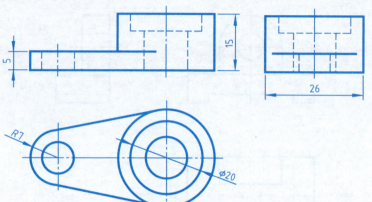

2.
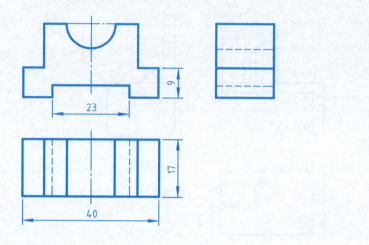

3.
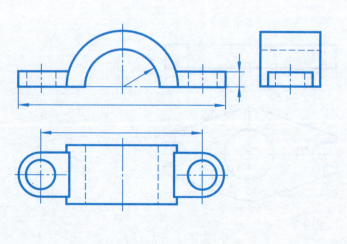

4.
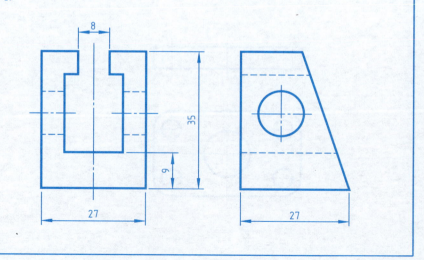

3-16 指出多余重复的尺寸，标注遗漏的尺寸 　　班级　　　　姓名　　　　学号

1.

2.

3-17　分析组合体形状，标注尺寸

1.

2.

-56-

| 3-18 绘制组合体三视图，并标注尺寸 | 班级 | 姓名 | 学号 |

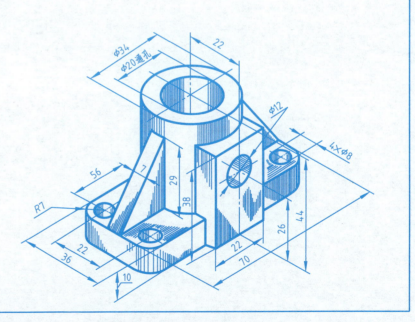

3-19　绘制组合体三视图，并标注尺寸

第四章 机件的表达方法

| 4-1 根据主、俯、左视图，补画右、后、仰视图 | 班级　　　　姓名　　　　学号 |

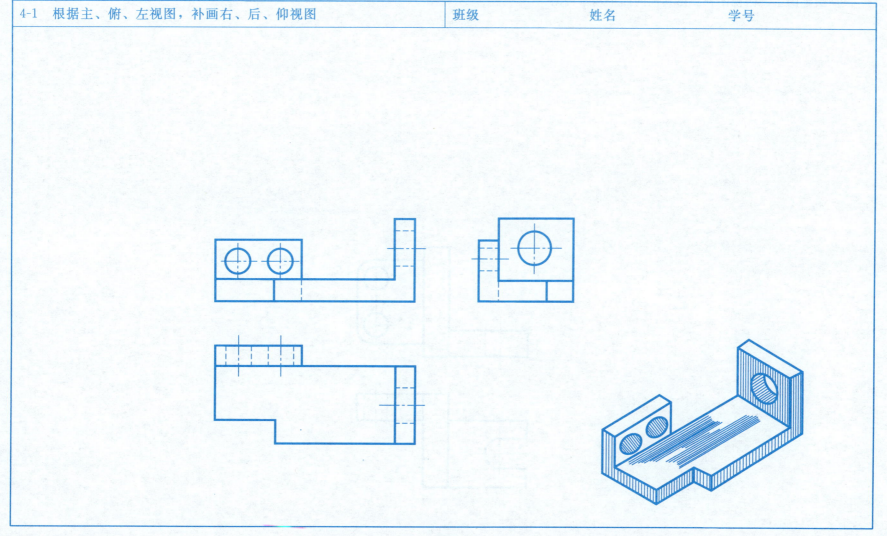

| 4-2　机件基本视图作图 | 班级　　　　姓名　　　　学号 |

根据给定的主、俯视图补画出其他的四个基本视图。

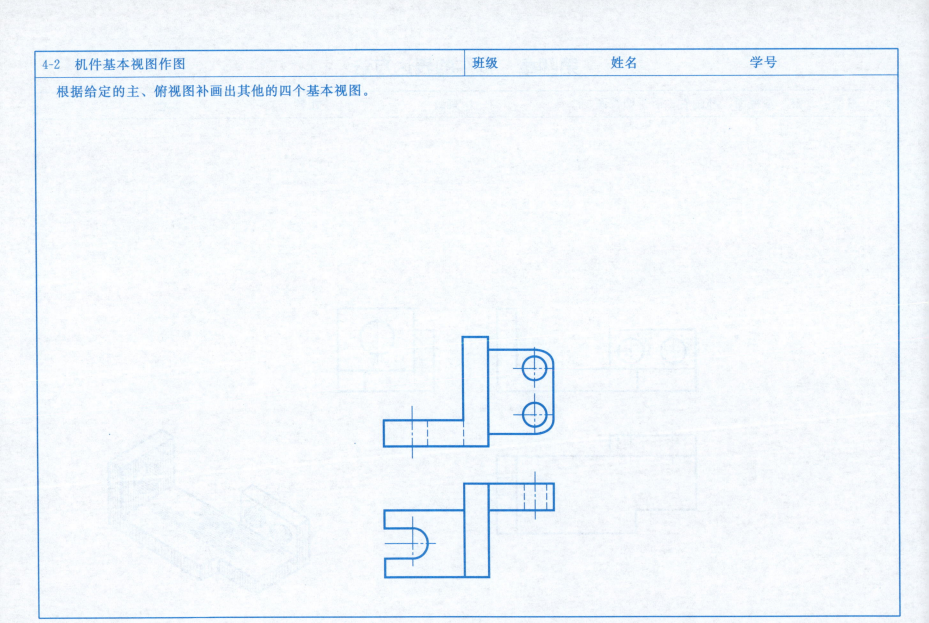

4-3　画局部视图和斜视图

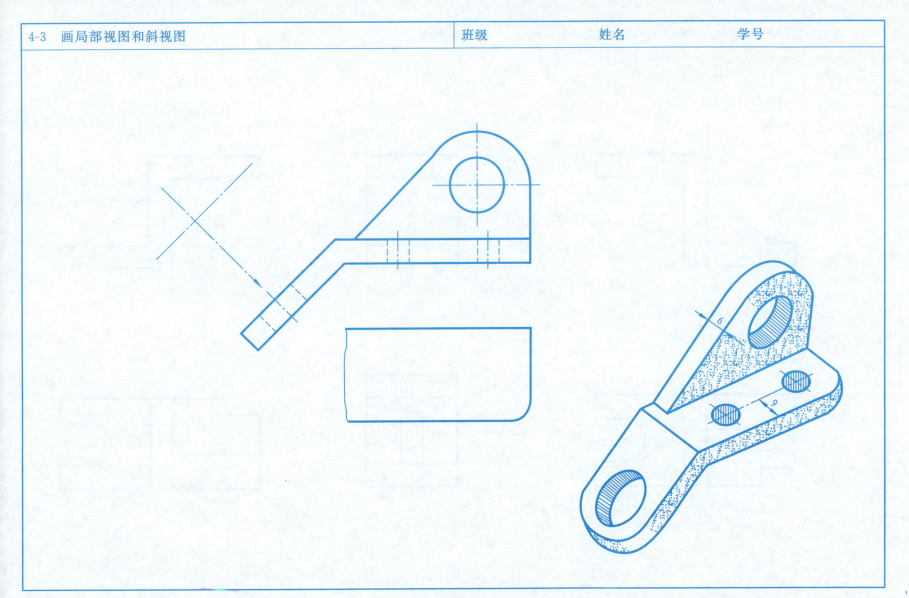

4-4 根据给定的主视图 A、俯视图 B，对向视图进行标注

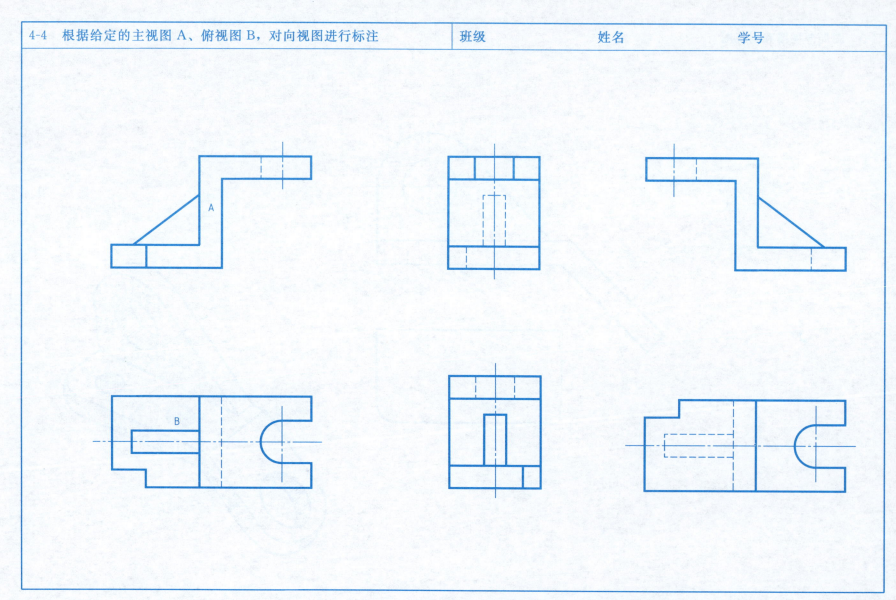

4-5 局部视图和斜视图	班级　　　　姓名　　　　学号

1. 根据给定的主视图和轴测图画出 A 向局部视图和 B 向斜视图。（所需尺寸从轴测图上量取）

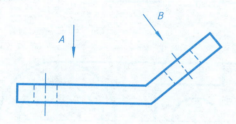

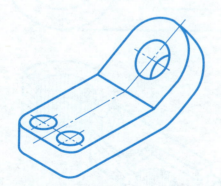

2. 根据主视图和轴测图，补画出其他视图，把机件表达清楚。

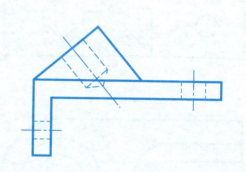

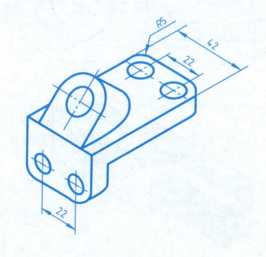

4-6 补全剖视图中的漏线　　班级　　姓名　　学号

1.

2.

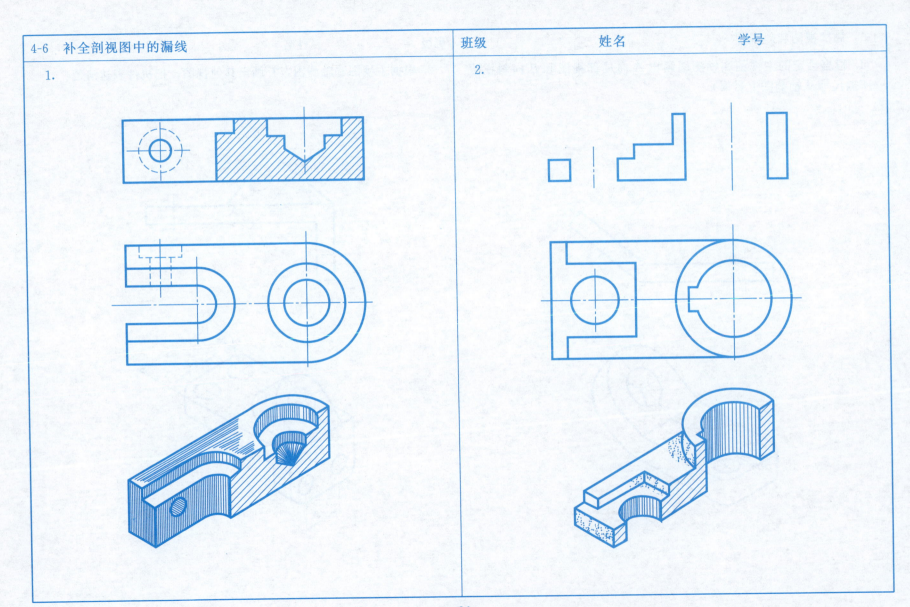

4-7 补全剖视图中的漏线　　班级　　姓名　　学号

1.

2.

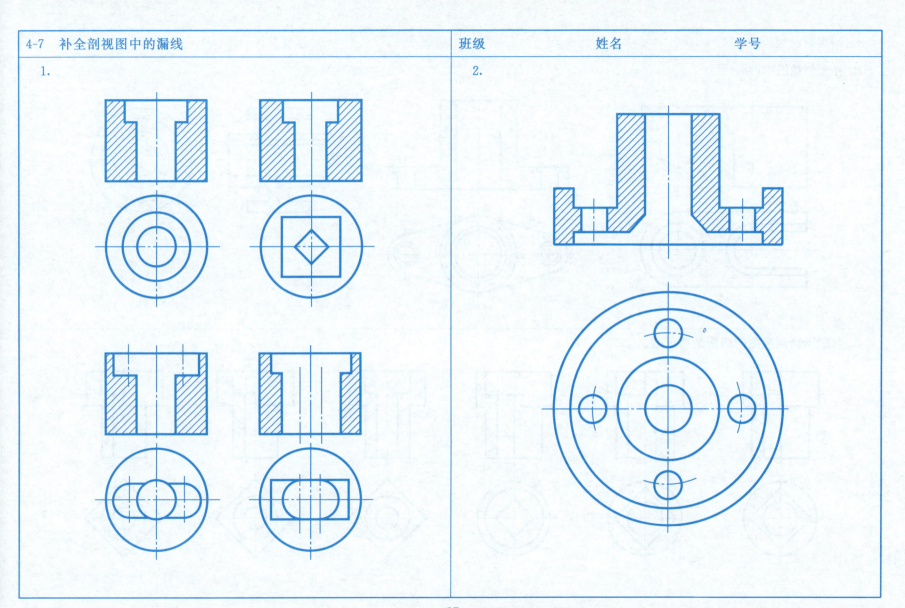

-65-

4-8　剖视图的画法　　班级　　姓名　　学号

1. 补全剖视图中的漏线。

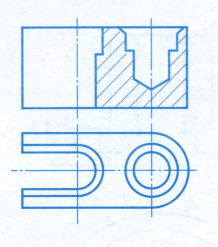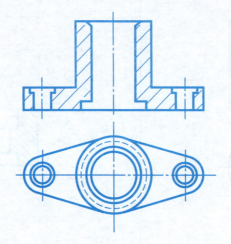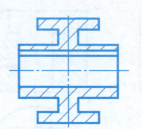

2. 判断下列剖视图的画法是否正确。

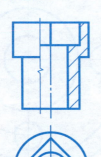

(　)　　(　)　　(　)　　(　)　　(　)　　(　)

4-9 将主视图画成剖视图	班级　　　姓名　　　学号
1. 将主视图画成全剖视图。	2. 将主视图画成半剖视图。

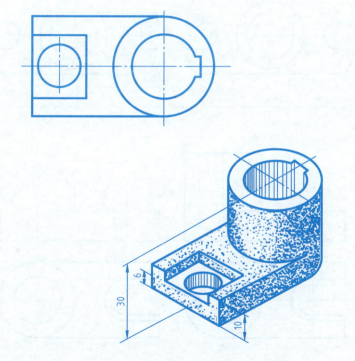

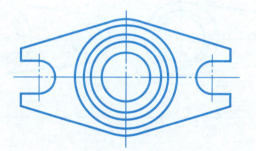

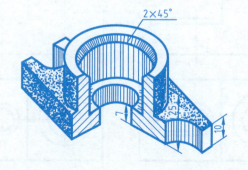

4-10 将下列各主视图改画为全剖视图　　班级　　姓名　　学号

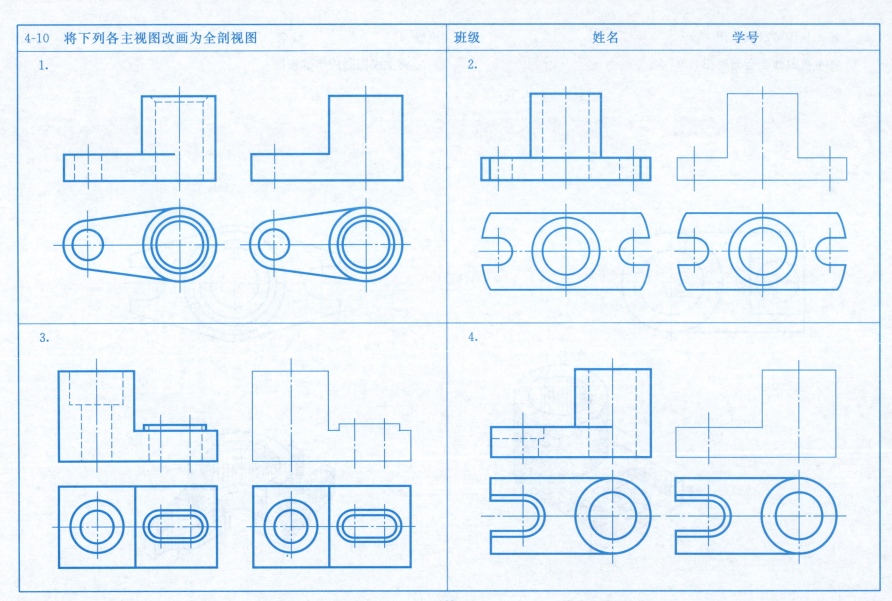

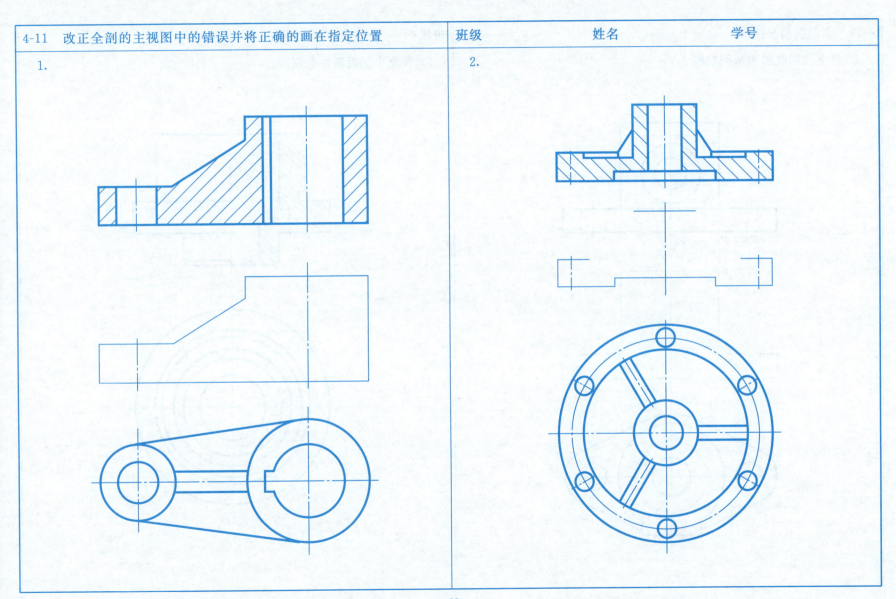

4-12 全剖视和半剖视　　　　　　　　　　　　　　　　班级　　　　姓名　　　　学号

1. 将主视图改画为半剖视图。　　　　　　　　　　　2. 补全半剖视图中的漏线。

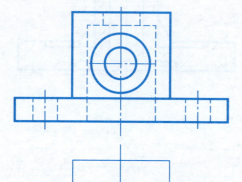

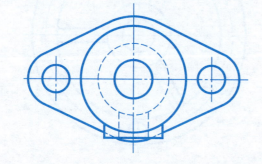

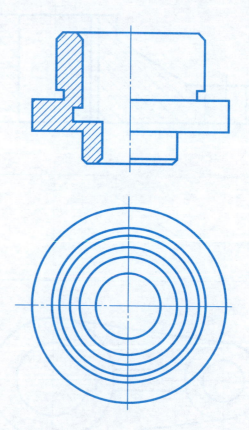

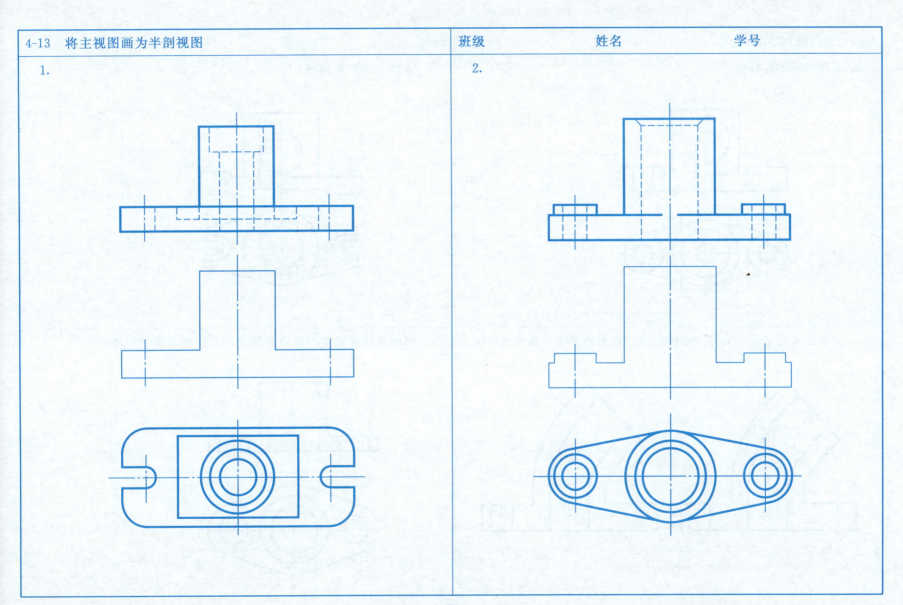

4-14 全剖视和半剖视

1. 求作半剖的左视图。

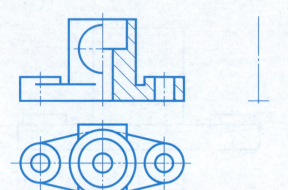

2. 求作半剖的左视图。

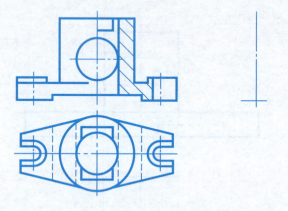

3. 分析图中的错误，去掉多余的虚线，在右边画出正确的剖视图。

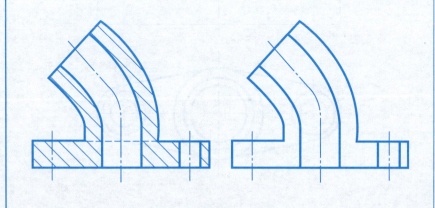

4. 补画全剖视的主视图中的漏线，并绘制半剖的左视图。

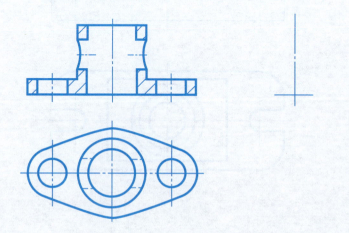

4-15　局部剖视

1. 将重合的视图改画成局部剖视图。

2. 将视图改画成局部视图（使几处虚线都变为实线）。

4-16 局部剖视　　　　　　　　　班级　　　姓名　　　学号

1. 指出局部剖视图中的错误，将正确的画在下边。

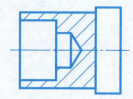 

2. 指出局部剖视图中的错误，将正确的画在下边。

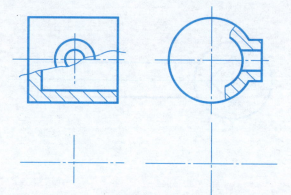

3. 指出局部剖视图中的错误，将正确的画在右边。

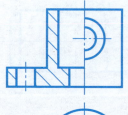 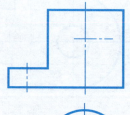

4. 将主视图和俯视图改为适当的局部视图（画在右边）。

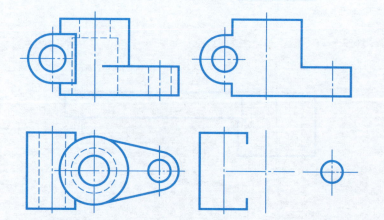

4-17　将视图改画成局部剖视　　班级　　姓名　　学号

1.

2.

-75-

4-18 用平行的剖切平面将主视图改为剖视图　　班级　　姓名　　学号

1.

2.

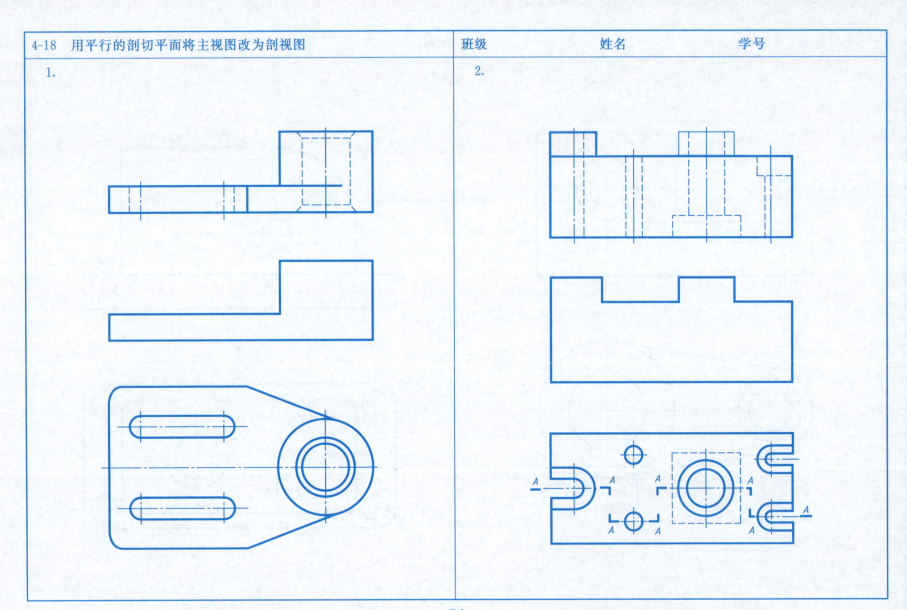

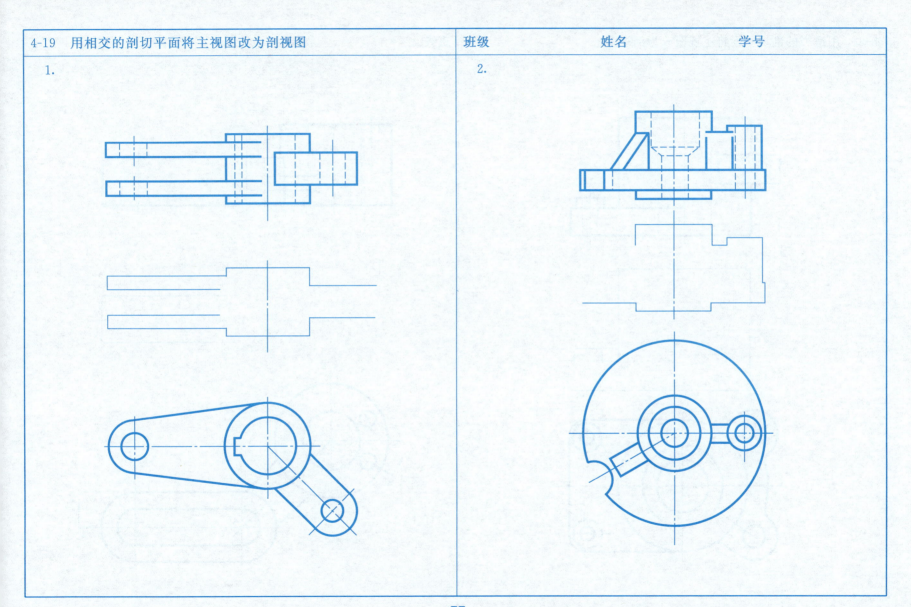

4-20 用适当的剖切平面将主视图改为剖视图

1.

2.

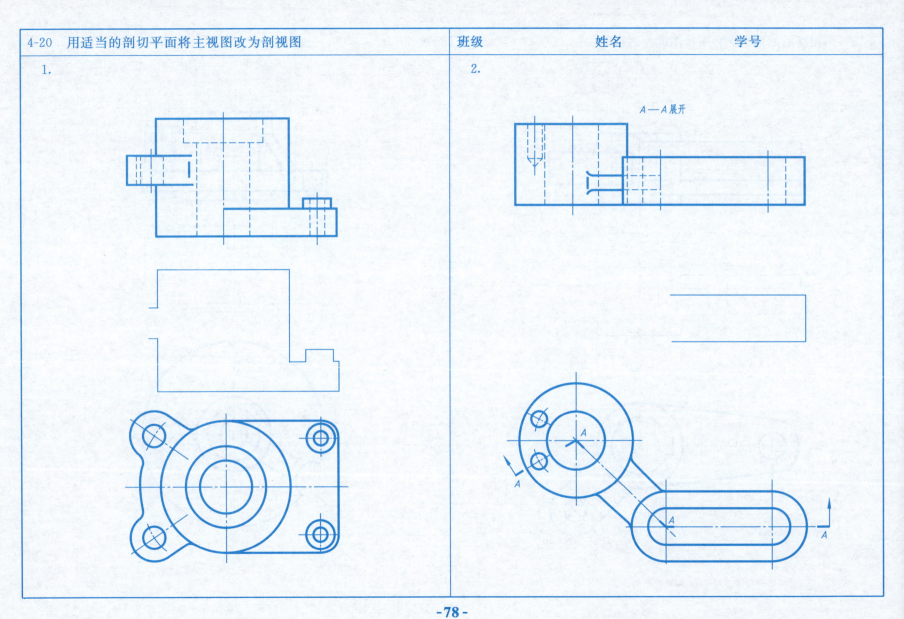

4-21 分析视图中的错误，将正确的画在指定位置　　班级　　姓名　　学号

1.

2.

| 4-22 斜剖视 | 班级　　　姓名　　　学号 |

1. 用斜剖的方法作 A—A 全剖视图。

2. 用斜剖的方法作 B—B 全剖视图。

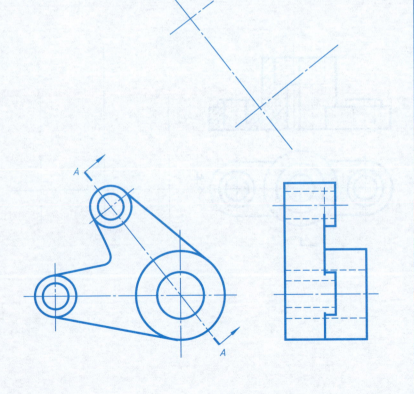

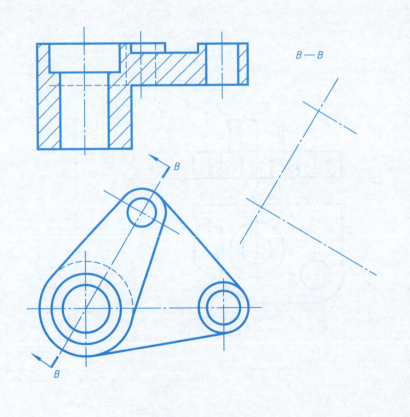

4-23 用适当的方式表达机件的结构

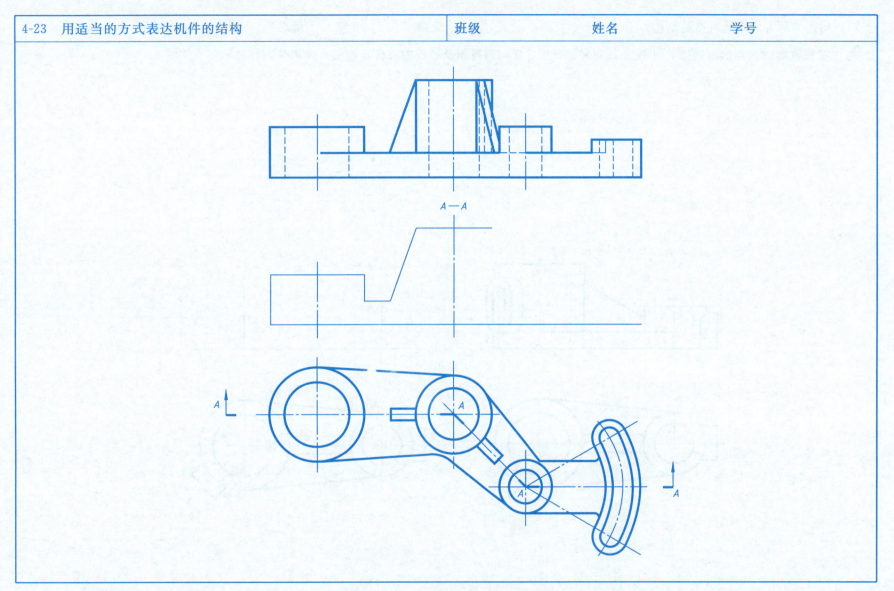

$A—A$

-81-

| 4-24　用适当的方式表达机件的结构 | 班级　　　　姓名　　　　学号 |等

将主视图改画成适当的剖视图，并画出 B 向局部视图、C 向斜视图及肋板的重合断面图（要求进行标注）。

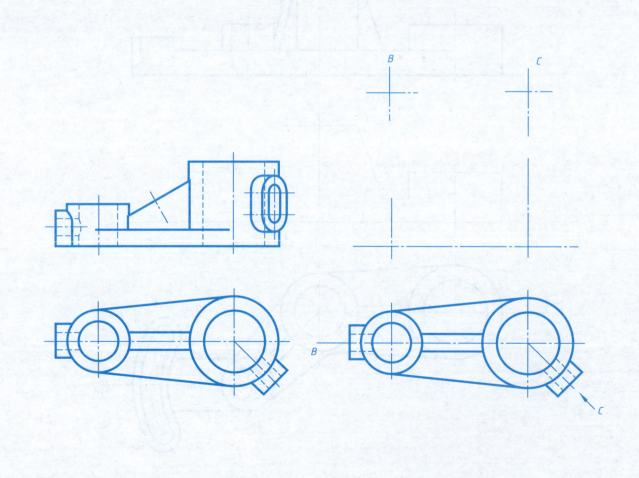

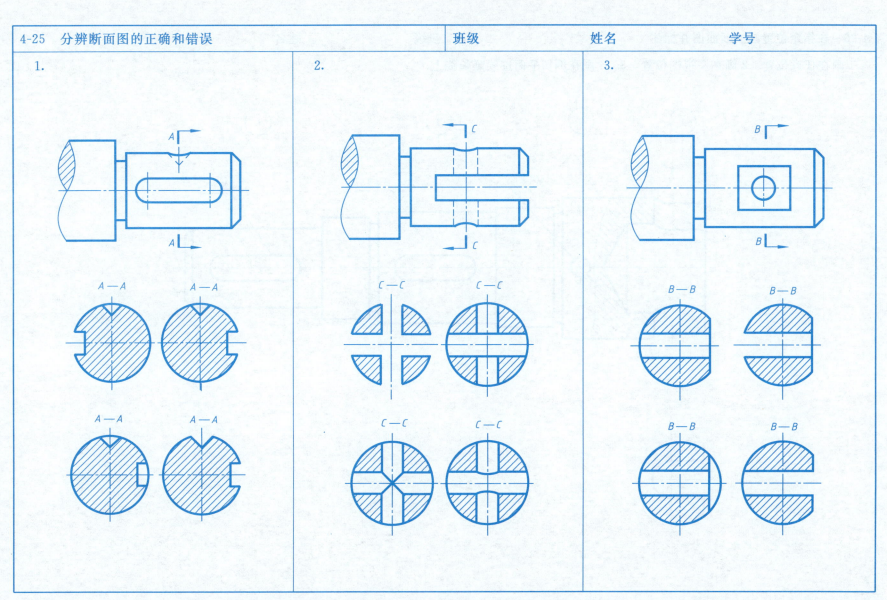

| 4-26 在指定位置画成断面图并标注 | 班级 | 姓名 | 学号 |

1 画在任意位置，2 画在左视图位置，3、4 画在剖切平面迹线延长线上。

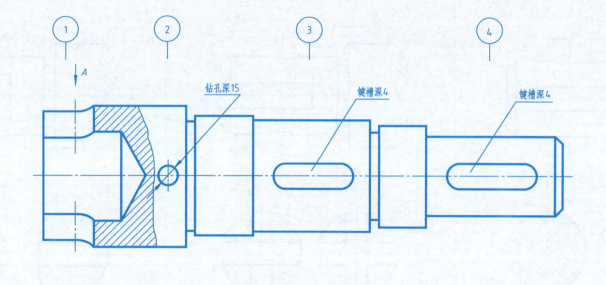

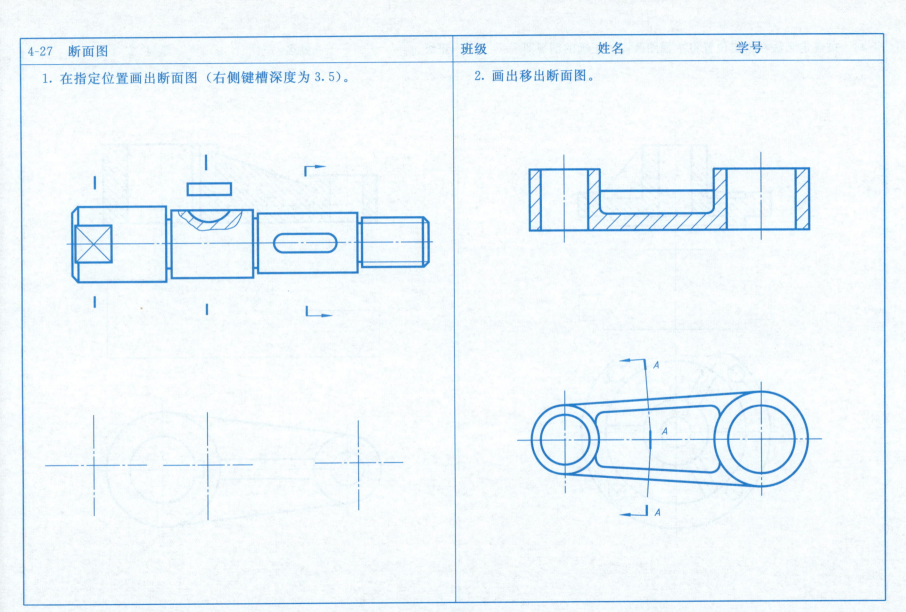

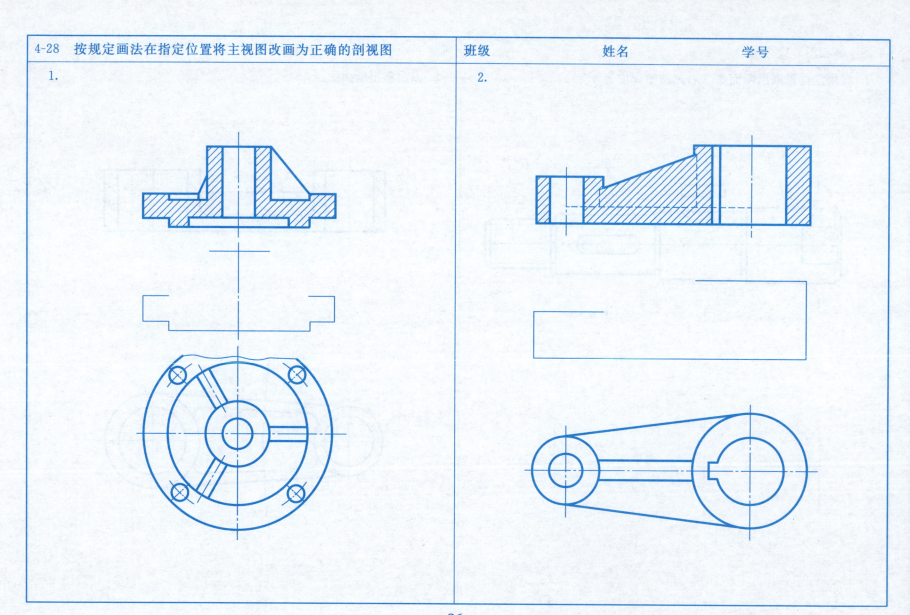

4-29　断面图和重合画法

1. 分析下列断面图，找出正确答案。

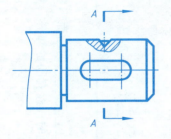

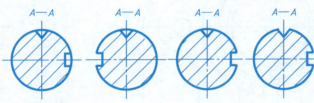

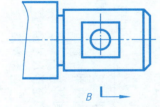

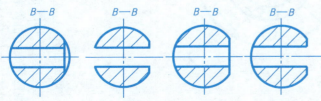

2. 在指定位置画出重合断面图。

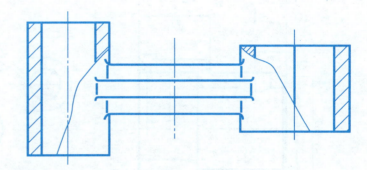

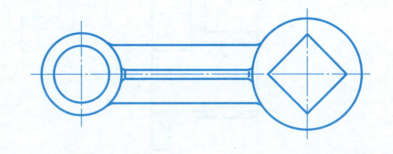

4-30 综合练习

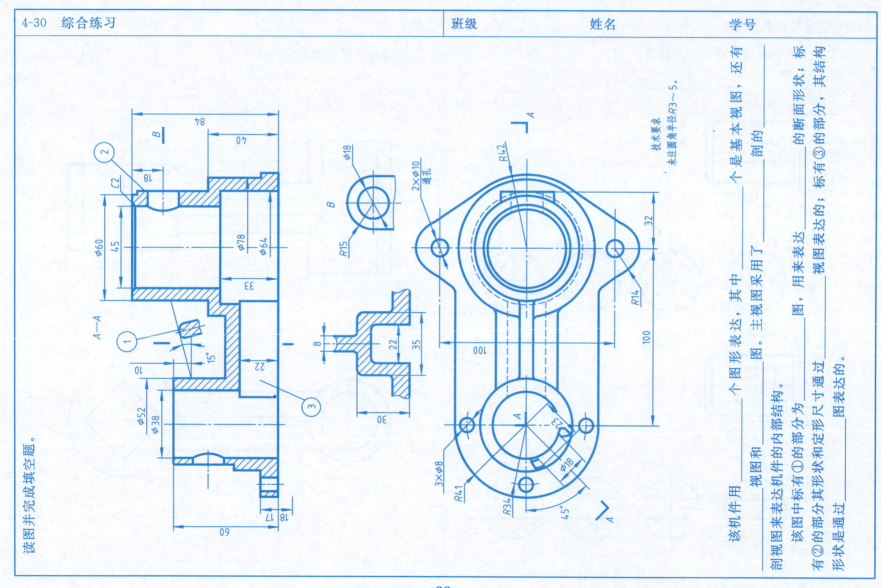

读图并完成填空题。

该机件用_____个图形表达，其中_____个是基本视图，还有_____视图和_____图。主视图采用了_____剖的_____剖视图来表达机件的内部结构。

该图中标有①的部分为_____图，用来表达_____的断面形状；标有②的部分其形状和定形尺寸通过_____视图表达的；标有③的部分，其结构形状是通过_____图表达的。

技术要求

未注圆角半径R3~5。

4-31 综合练习　　　班级　　　姓名　　　学号

用适当的表达方法,将机件表达清楚。

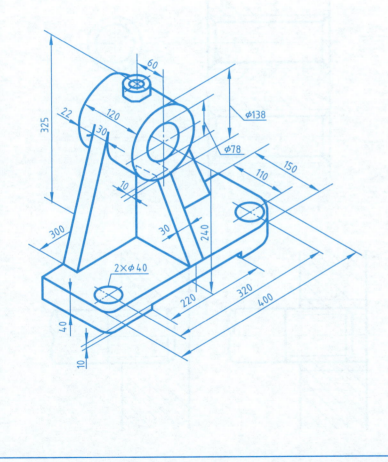

-89-

第五章 标准件与常用件

5-1 在指定位置改正下列螺纹画法中的错误

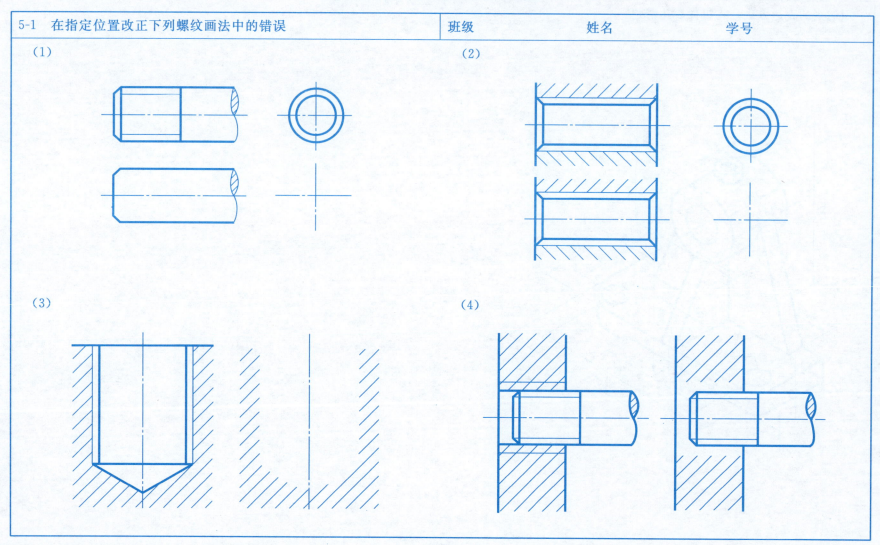

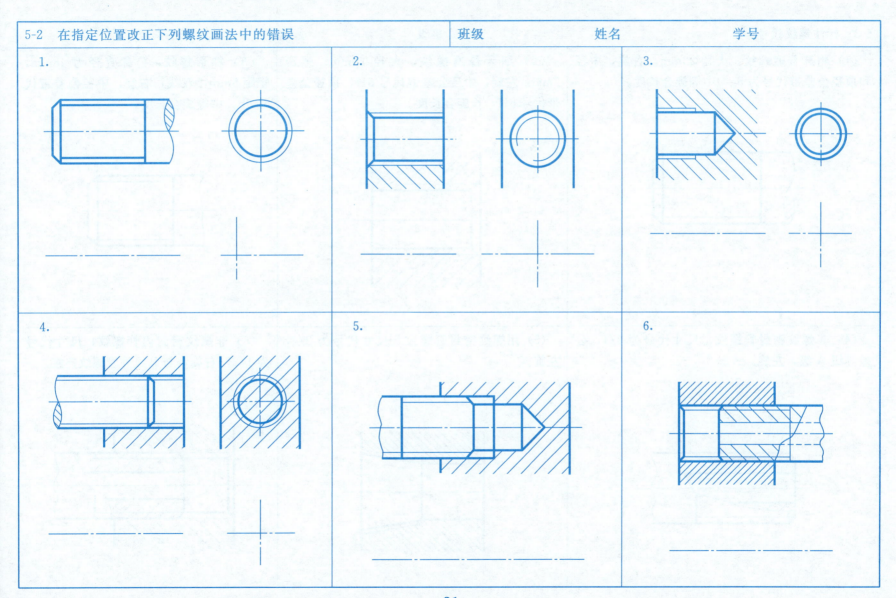

| 5-3 标注螺纹代号 | 班级　　　姓名　　　学号 |

(1) 粗牙普通螺纹，大径 20mm，右旋，中径和顶径公差带代号为 5g，中等旋合长度。

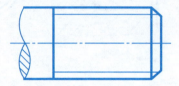

(2) 细牙普通螺纹，大径 20mm，螺距 2mm，左旋，中径公差带代号 5H，顶径公差带代号 6H，长旋合长度。

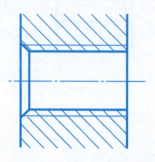

(3) 梯形螺纹，公称直径为 48mm，螺距 5mm，双线，右旋，中径公差带代号 6h，中等旋合长度。

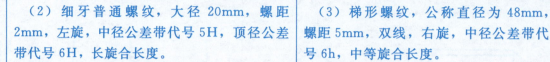

(4) 非螺纹密封管螺纹，尺寸代号为 3/4，公差等级 A 级，左旋。

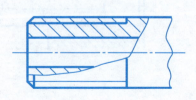

(5) 用螺纹密封管螺纹，尺寸代号为 3/4，左旋。

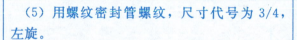
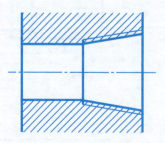

(6) 非螺纹密封内管螺纹，尺寸代号为 1/2，右旋，与 B 级外管螺纹连接。

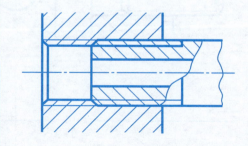

| 5-4 螺纹及螺纹连接的画法 | 班级　　　姓名　　　学号 |

1. 外螺纹（M20），螺纹长为35，按规定画法画出外螺纹。

3. 采用比例画法画出双头螺柱连接图。

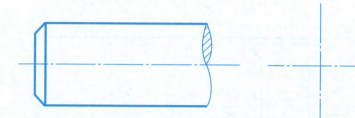

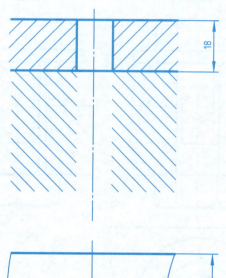

2. 螺纹通孔（M16），两端倒角为15，按规定画法画出内螺纹。

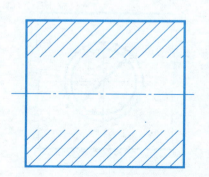
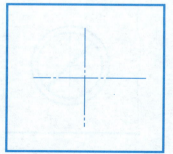

5-5 螺纹连接的画法	班级　　　　姓名　　　　学号
1. 补全螺栓连接图中所缺的图线。	2. 分析螺钉连接图中的错误，在右侧画出正确的图形。

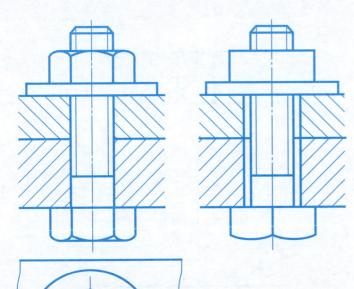

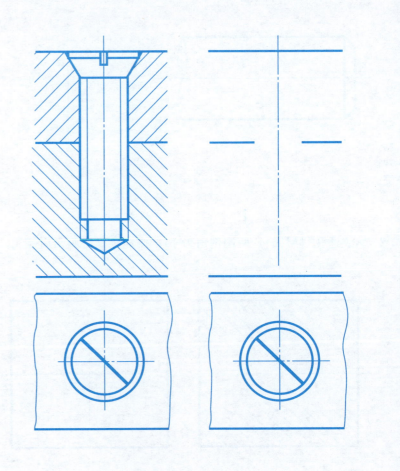

| 5-6　普通平键连接和弹簧的画法 | 班级　　　　姓名　　　　学号 |

1. 用普通平键将齿轮和轴连接起来，完成连接图。

2. 已知圆柱螺旋压缩弹簧的簧丝直径为 5mm，弹簧中径 40mm，节距为 10mm，弹簧自由长度为 76mm，支承圈为 2.5，右旋。试绘出弹簧的全剖视图，并标注尺寸。

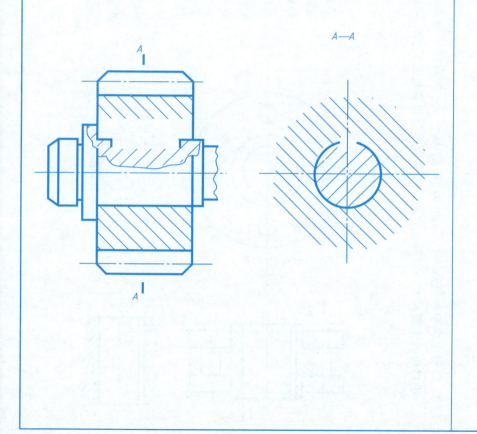

-95-

| 5-7　齿轮和齿轮连接的画法 | 班级　　　　姓名　　　　学号 |

(1) 已知标准圆柱齿轮的模数 $m=2$mm，齿数 $z=45$，计算齿轮各部分的尺寸，填写在右边，补全齿轮的视图，并标注尺寸。

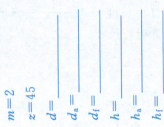

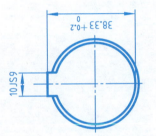

$m=2$
$z=45$
$d=$
$d_a=$
$d_f=$
$h=$
$h_a=$
$h_f=$

(2) 已知小齿轮的模数 $m=2.5$mm，齿数 $z_1=19$，两齿轮中心距 $a=65$mm，计算大、小齿轮的主要尺寸，填写在右边，并完成两直齿圆柱齿轮的啮合图。

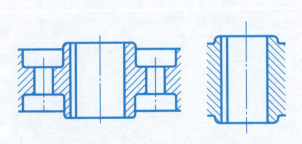

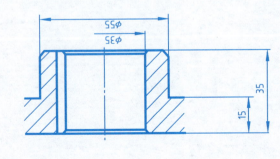

$m=2.5$
$z_1=19$
$z_2=$
$a=65$
$d_1=$
$d_{a1}=$
$d_{f1}=$
$d_2=$
$d_{a2}=$
$d_{f2}=$

5-8 圆柱销连接和滚动轴承的画法	班级　　　姓名　　　学号	
1. 齿轮和轴直径为 5mm 的圆柱销连接，完成圆柱销的剖视图。比例 2∶1。	2. 查表确定滚动轴承的尺寸，用规定画法画出在轴端轴承和轴的装配图。滚动轴承 6305GB/T-276—1994。	3. 查表确定滚动轴承的尺寸，用规定画法画出在轴端轴承和轴的装配图。滚动轴承 30306GB/T-276—1994。

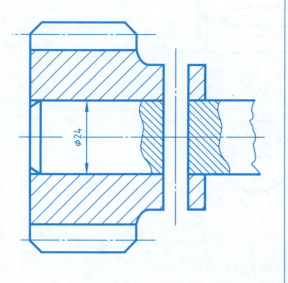
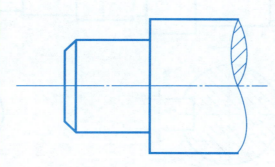
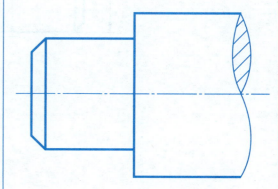

第六章 零件图

6-1 将文字说明的粗糙度按规定标注在图上　　　班级　　　姓名　　　学号

1. φ30k6 表面粗糙度为 $\sqrt{Ra1.6}$
2. φ32r6 表面粗糙度为 $\sqrt{Ra1.6}$
3. φ24r6 表面粗糙度为 $\sqrt{Ra3.2}$
4. 键槽10N9、5N9 两侧面粗糙度为 $\sqrt{Ra6.3}$
5. 其余表面粗糙度均为 $\sqrt{Ra12.5}$

| 6-2　零件图尺寸标注 | 班级　　　　姓名　　　　学号 |

1. 在零件图上标注尺寸，数值从图中量取（1∶2）。

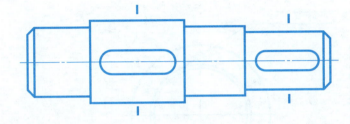

2. 在零件图上补注视图中遗漏的定位尺寸，数值从图中量取（图形按1∶5绘制）。

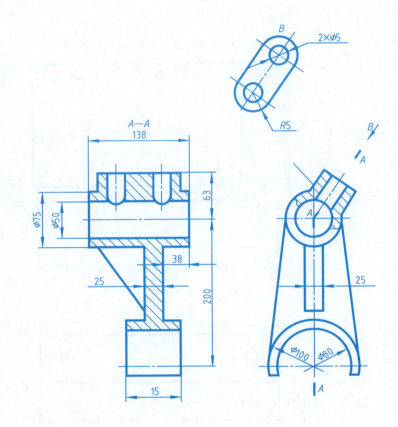

6-3　读懂零件图，回答问题　　班级　　姓名　　学号

1. B、C处做出沉孔，凹槽是为了＿＿＿＿＿＿＿＿＿＿＿＿＿＿＿＿＿＿＿＿。
2. D处座体中间空腔部分的直径大于两端孔径是为了＿＿＿＿＿＿＿＿＿＿。
3. E处倒角C2的作用是＿＿＿＿＿＿＿＿＿＿＿＿＿＿＿＿＿＿＿＿＿＿＿。

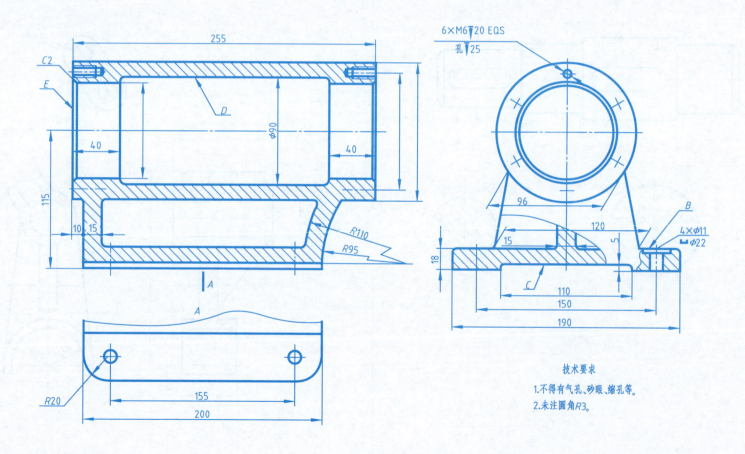

技术要求
1. 不得有气孔、砂眼、缩孔等。
2. 未注圆角R3。

| 6-4　表面粗糙度标注 | 班级 | 姓名 | 学号 |

找出轴承套中的表面粗糙度代号标注错误的地方，在右图中正确标注并说明符号的含义。

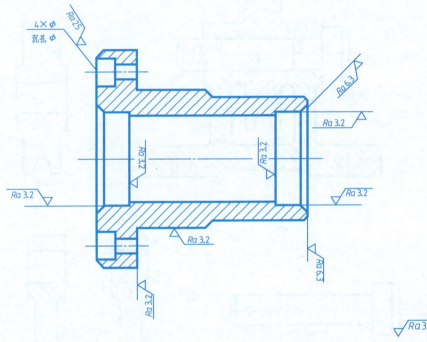
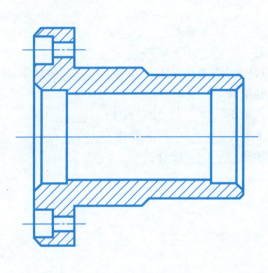

√Ra 3.2　表示 _____

6-5　零件图的技术要求

根据装配图 1 中的配合代号，查表得偏差值，分别标注在零件图 2、3、4 上，并填空。

① 尺寸 φ10F8/h7 表示基本尺寸为＿＿＿＿的轮辐与轴的基制配合。

公差等级：轴 IT＿＿＿＿级，孔 IT＿＿＿＿级轮辐；

上偏差＿＿＿＿，下偏差＿＿＿＿。

轴：上偏差＿＿＿＿，下偏差＿＿＿＿。

② 尺寸 φ10K8/h7 表示基本尺寸为＿＿＿＿的轴承座与轴的基制配合。

公差等级：轴 IT＿＿＿＿级，孔 IT＿＿＿＿级；

轴承座：上偏差＿＿＿＿，下偏差＿＿＿＿；

轴承座与轴是＿＿＿＿配合。

6-6 零件图的技术要求

根据零件图计算表中的尺寸，并在装配图中注出基本尺寸和配合代号。

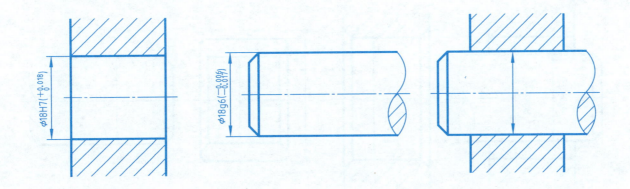

尺寸名称		基本尺寸	最大极限尺寸	最小极限尺寸	上偏差	下偏差	公差	配合基准制	配合种类
数值 /mm	孔	18	18.018	18	ES=+0.018	EI=0	0.018	基孔制	间隙配合
	轴	18	17.994	17.983	es=−0.006	ei=−0.017	0.011		

6-7 零件图标注的技术要求

根据装配图在相应的零件图上分别注出基本尺寸和极限偏差（查表），并说明配合代号的意义。

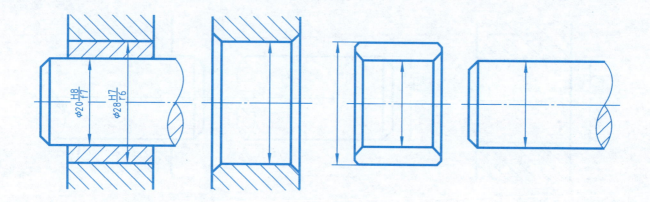

$\phi 20 \dfrac{H8}{f7}$： 基本尺寸_____ 基准制_____ 配合种类_____
孔的公差带代号_____ 轴的公差带代号_____

$\phi 28 \dfrac{H7}{r6}$： 基本尺寸_____ 基准制_____ 配合种类_____
孔的公差带代号_____ 轴的公差带代号_____

6-8　零件图技术要求的标注　　　班级　　　姓名　　　学号

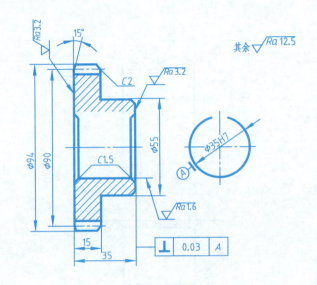

① 查表确定内孔键槽的尺寸及其精度，完成主视图和局部视图，并将键槽的尺寸和偏差标注在视图上。（键和键槽的配合松紧程度一般）

② 查表确定齿轮内孔 $\phi 35H7$ 的上、下偏差，并回答：
内孔的最大极限尺寸是 _____ mm，最小极限尺寸是 _____ mm。

③ 解释 ⊥ | 0.03 | A 的含义：_____。

④ 检查视图中错误的粗糙度标注，并在视图中改正之。

将文字说明的形位公差标注在图上。
① $\phi 30H7$ 轴线对左端面的垂直度公差位 $\phi 0.04$。
② $\phi 59g6$ 的圆柱度公差为 0.05。
③ 端面 E 对左端面的平行度公差为 0.03。

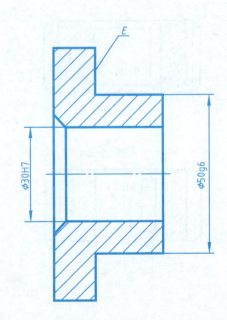

| 6-9 | 零件图技术要求 | 班级　　　　姓名　　　　学号 |

根据齿轮与轴的装配图，分别在相应的零件图上注出基本尺寸、公差带代号及极限偏差值（查表）并说明配合代号的含义。

$\phi 16 \dfrac{H7}{k6}$：基本尺寸＿＿＿＿＿　基准制＿＿＿＿＿　配合种类＿＿＿＿＿

孔的公差带代号＿＿＿＿＿　轴的公差带代号＿＿＿＿＿

图中轴与孔的基本尺寸为 $\phi 20$，采用基轴制配合轴的公差等级为 7 级，孔的公差等级为 8 级，孔的基本偏差为 F。试在装配图中注出基本尺寸、配合代号（查表），并说明配合种类；分别在相应的零件图上注写基本尺寸、公差带代号及极限偏差。

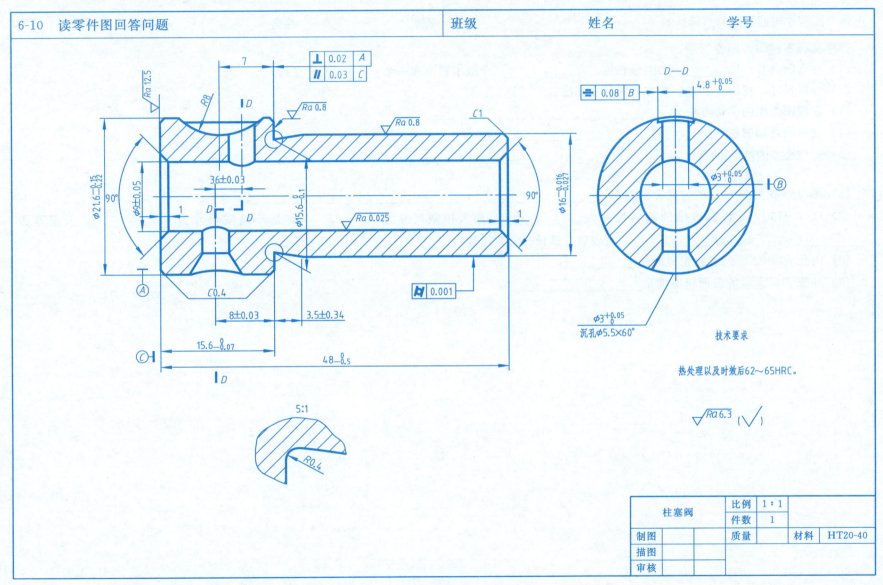

6-10　读零件图回答问题（续）　　　　　　　　　　　　　　　班级　　　　　姓名　　　　　学号

读柱塞阀零件图，回答问题。

(1) 柱塞阀共有_____个图形表达。有_____个基本视图和一个_____图。

(2) 分析尺寸，找出长、宽、高方向的尺寸基准。

(3) 左视图采用的剖切方法是_____。

(4) 柱塞阀采用的材料是_____。

(5) 形位公差 $\boxed{\text{⌖}\ 0.001}$ 的含义：_____。

(6) 形位公差 $\boxed{\begin{array}{c|c|c}\perp & 0.02 & A \\ \parallel & 0.03 & C\end{array}}$ 的含义分别为：_____；_____。

(7) 尺寸 $\phi 16_{-0.027}^{-0.016}$ 代表该轴的基本尺寸为_____，最大极限尺寸为_____，最小极限尺寸为_____，上偏差为_____，下偏差为_____，查表确定该轴的公差代号为_____。

(8) 内孔 $\phi 9 \pm 0.05$ 的表面粗糙度是_____。

(9) 外圆 $\phi 16_{-0.027}^{-0.016}$ 的表面粗糙度是_____。

| 6-11 读零件图回答问题 | 班级 | 姓名 | 学号 |

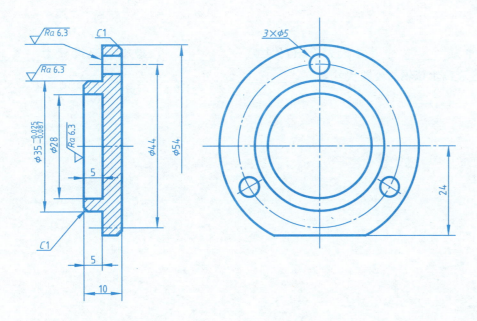

| 6-11 读零件图回答问题（续） | 班级　　　　姓名　　　　学号 |

(1) 轴承盖属于_____类零件。共有_____个图形表达。有_____个基本视图。主视图采用_____的表达方法，主视图的放置位置符合_____位置原则。

(2) 分析尺寸，找出长、宽、高方向的尺寸基准。

(3) 轴承盖中配合面的表面粗糙度要求是_____。

(4) 轴承盖采用的材料是_____。

(5) 尺寸 $\phi 35^{-0.025}_{-0.087}$ 代表该轴的基本尺寸为_____，最大极限尺寸为_____，最小极限尺寸为_____，上偏差为_____，下偏差为_____，查表确定该轴的公差代号为_____。

(6) 轴承盖其他各面的表面粗糙度是_____。

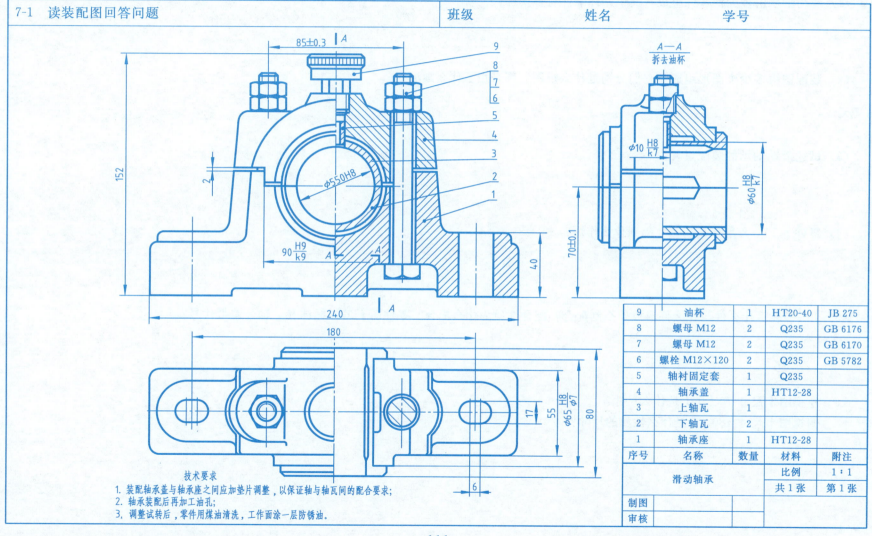

| 7-1　读装配图回答问题（续1） | 班级　　　　姓名　　　　学号 |

（1）滑动轴承由多少种零件组成，其中，标准件有多少种？

（2）装配图由多少个图形组成？它们分别是什么视图？都采用了什么画法？

（3）试述滑动轴承的装配过程。

（4）零件6、7、8是什么装置？起到什么作用？

（5）$90\dfrac{H9}{k9}$表示什么件与什么件形成什么制配合？配合性质为什么配合？零件图上怎样标注孔、轴公差带代号？

（6）左视图上尺寸70±0.1是什么尺寸？
　　　俯视图上尺寸180，6是什么性质的尺寸？

| 7-1　读装配图回答问题（续 2） | 班级　　　姓名　　　学号 |

读懂滑动轴承的装配图，拆画零件 1 轴承座的零件图。

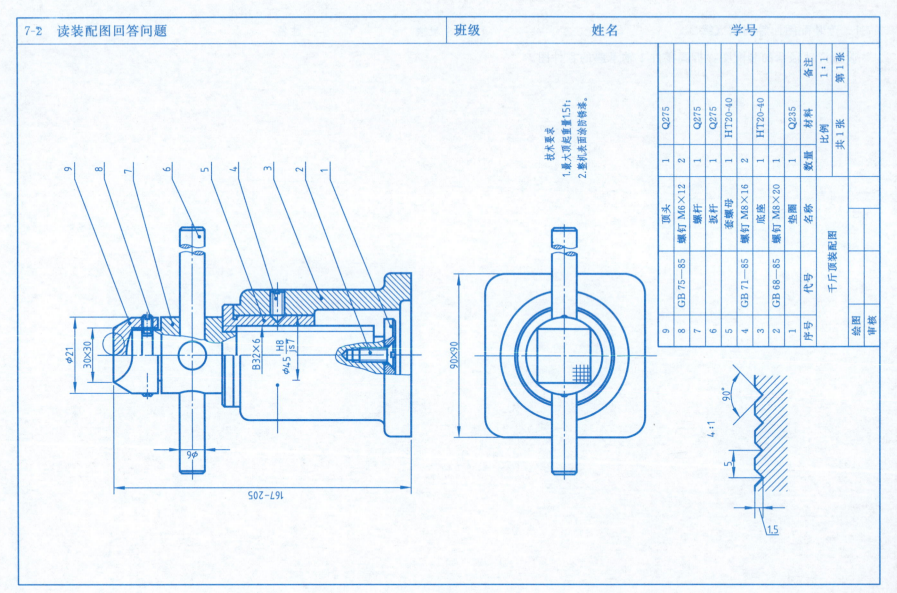

7-2　读装配图回答问题（续1）	班级　　　　姓名　　　　学号

（1）千斤顶的装配图由多少个图形组成？它们分别是什么视图？每个视图中采用了什么表达方法？除了基本视图，还有什么图形表达？

（2）千斤顶由多少种零件组成？其中，标准件由多少种？

（3）试简述千斤顶的工作原理。

（4）试述千斤顶的装配过程。

（5）图中尺寸 $\phi 45 \frac{H8}{js7}$ 表示什么件与什么件形成什么制配合？配合性质是什么配合？零件图中标注时孔、轴的标注方法是什么？

（6）图中螺纹标记 B32×6 是什么意思？

（7）主视图中尺寸 167-205 代表什么意思？

| 7-2　读装配图回答问题（续2） | 班级　　　姓名　　　学号 |

读懂千斤顶的装配图，拆画零件3底座的零件图。

参 考 文 献

[1] 刘朝儒,彭福荫,高政一主编. 机械制图. 第4版. 北京:高等教育出版社,2001.
[2] 冯秋官主编. 机械制图与计算机绘图习题集. 第3版. 北京:机械工业出版社,2005.
[3] 王巍主编. 机械制图习题集. 北京:高等教育出版社,2009.
[4] 薄继康,张强华主编. AutoCAD2006实用教程. 北京:电子工业出版社,2006.
[5] 柳阳明主编. 汽车识图习题册. 北京:机械工业出版社,2005.